U0498915

为什么世界不存在

未来哲学丛书

孙周兴　主编

〔德〕马库斯·加布里尔　著

王　熙　张振华　译

商务印书馆
The Commercial Press

Markus Gabriel

Warum es die Welt nicht gibt

© by Ullstein Buchverlage GmbH, Berlin. Published in 2015 by Ullstein Verlag

本书根据乌尔施泰因出版公司2015年版译出。

未来哲学丛书

主编：孙周兴

学术支持
浙江大学未来哲学研究中心
同济大学技术与未来研究院

商务印书馆（上海）有限公司
The Commercial Press (Shanghai) Co. Ltd. 出品

未 来 哲 学 丛 书

作者简介

马库斯·加布里尔（Markus Gabriel），28岁即成为波恩大学讲席教授，是德国有史以来最年轻的哲学教授，代表性著作有《意义域：一种新实在论的存在论》《为什么世界不存在》《古代怀疑论与观念论》《写给二十一世纪的心灵哲学》等。

译者简介

王熙，波恩大学哲学系硕士。

张振华，同济大学人文学院哲学系副教授。著有《斗争与和谐：海德格尔对早期希腊思想的阐释》《心如直弦：一个青年学人的德国札记》，译有海德格尔《荷尔德林的颂歌〈日耳曼尼亚〉与〈莱茵河〉》、特拉夫尼《苏格拉底或政治哲学的诞生》、特拉夫尼《海德格尔导论》（合译）等。

总　序

尼采晚年不断构想一种"未来哲学",写了不少多半语焉不详的笔记,并且把他1886年出版的《善恶的彼岸》的副标题立为"一种未来哲学的序曲"。我认为尼采是当真的——哲学必须是未来的。曾经做过古典语文学教授的尼采,此时早已不再古典,而成了一个面向未来、以权力意志和永恒轮回为"思眼"的实存哲人。

未来哲学之思有一个批判性的前提,即对传统哲学和传统宗教的解构,尼采以及后来的海德格尔都愿意把这种解构标识为"柏拉图主义批判",在哲学上是对"理性世界"和"理论人"的质疑,在宗教上是对"神性世界"和"宗教人"的否定。一个后哲学和后宗教的人是谁呢?尼采说是忠实于大地的"超人"——不是"天人",实为"地人"。海德格尔曾经提出过一种解释,谓"超人"是理解了权力意志和永恒轮回的人,他的意思无非是说,尼采的"超人"是一个否弃超越性理想、直面当下感性世界、通过创造性的瞬间来追求和完成生命力量之增长的个体,因而是一个实存哲学意义上的人之规定。未来哲学应具有一个实存哲学的出发点,这个出发点是以尼采和海德格尔为代表的欧洲现代人文哲学为今天的和未来的思想准备好了的。

未来哲学还具有一个非种族中心主义的前提,这就是说,未来哲学是世界性的。由尼采们发起的主流哲学传统批判已经宣告了欧洲中心主义的破产,扩大而言,则是种族中心主义的破产。在黑格尔式欧洲中心主义的眼光里,是没有异类的非欧民族文化的地位的,也不可能真正构成多元文化的切实沟通和交往。然而在尼采之后,形势大变。尤其是20世纪初兴起的现象学哲学运动，开启了一道基于境域—世界论的意义构成的思想视野，这就为未来哲学赢得了一个可能性基础和指引性方向。我们认为，未来哲学的世界性并不是空泛无度的全球意识，而是指向人类未来的既具身又超越的境域论。

未来哲学当然具有历史性维度，甚至需要像海德格尔主张的那样实行"返回步伐"，但它绝不是古风主义的，更不是顽强守旧的怀乡病和复辟狂，而是由未来筹划与可能性期望牵引和发动起来的当下当代之思。直而言之，"古今之争"绝不能成为未来哲学的纠缠和羁绊。在19世纪后半叶以来渐成主流的现代实存哲学路线中，我们看到传统的线性时间意识以及与此相关的科学进步意识已经被消解掉了，尼采的"瞬间"轮回观和海德格尔的"将来"时间性分析都向我们昭示一种循环复现的实存时间。这也就为未来哲学给出了一个基本的时间性定位：未来才是哲思的准星。

未来哲学既以将来—可能性为指向，也就必然同时是未来艺术，或者说，哲学必然要与艺术联姻，结成一种遥相呼应、意气相投的关系。在此意义上，未来哲学必定是创造性的或艺术性的，就如同未来艺术必定具有哲学性一样。

我们在几年前已经开始编辑"未来艺术丛书"，意犹未尽，现在决定启动"未来哲学丛书"，以为可以与前者构成一种相互支持。本丛书被命名为"未来哲学"，自然要以开放性为原则，绝不自限于某派、某门、某主义，也并非简单的"未来主义"，甚至也不是要把"未来"设为丛书唯一课题，而只是要倡导和发扬一种基本的未来关怀——因为，容我再说一遍：未来才是哲思的准星。

孙周兴

2017年3月12日记于沪上同济

献给施特菲（Steffi）

中文版前言

《为什么世界不存在》能以中文形式出版令我感到十分欣喜与荣幸。从绝对与相对的方面来说，中文都是几千年来传播最广的人类语言。此外，中国同样也在几千年来为哲学史做出了决定性的贡献。为了至少能读懂一些最重要的文献，我于旧金山担任客座教授期间开始学习中文。十多年前我曾在海德堡跟随鲁道夫·瓦格纳（Rudolf Wagner）详细研读过老子的作品，他特别向我指出了王弼的重要意义，而后者对《道德经》的注疏令我印象深刻。中国传统哲学十分多元。它与人们在中国所说的"西方哲学"一样在内部有众多区分。因此在一篇前言里比较形而上学在所谓的西方与中国所扮演的不同角色或许会过于冗长。然而我还是想对我的中国读者指出，本书的基本方针是严格地反形而上学的。我所理解的"形而上学"指的是任何一种试图将世界整体或现实完整地从一个原则、一门科学或者一个结构推导出来的尝试。唯物主义与唯心主义、泛灵论、二元论、物理主义等立场从根本上说都是错误的。因为它们试图发展出一套世界图景并认其为真。然而一切世界图景都是错误的，无论它们将自己理解为科学的还是宗教的。认为自然科学总体上能够认识世界整体的自然主义与如下看法同样都是错误的，即，世界由物理的与非物理的两个部分组成。世界根本不存在，不存在将一切存在者作为部分而包含进自身的整体。

本书将上述观点与一种实在论相结合。"世界不存在"的原因在于这一事实，即，现实的事物显现在无限多的意义场中。存在无限多的现实的事物，它们分别属于各式各样的域，但不存在一切现实的事物所属的一个现实或者一个世界。此外，作为一名实在论者，我认为我们在许多情况下都能够认识到自在的现实的事物。您正在阅读的这个文本，的的确确是由王熙从德文翻译而来的中译本前言。我们通常都能够认识自在的现实的事物。自在之物并未形而上学地逃离我们，因为根本没有任何东西形而上学地逃离我们。

本书下列主要观点的组合是全新的：

1.世界不存在。

2.无限多的意义场现实地存在着，现实的事物在其中显现。

3.我们通常都能够认识到自在的现实的事物。

据我所知，我所主张与捍卫的立场，至今在思想史上从未以如此形式出现过。因此我也将该立场称作新实在论。与此同时，我也借此提出我对在当代广为流传的"事实的另一面"（alternativen Tatsachen）或后现代主义臆语的反驳。虽然对我们所有人来说，认识到事实而不被宣传与某些不明真相的媒体所误导确实很困难，尤其是在社会经济与政治领域。但是这并不意味着一切都不是现实的，或一切都只是权力操纵的产物。我们的观点并不全然是受他人影响的社会性产物。为了能不从现实中逃进形而上学，我们需要一个强健的实在论。

这种实在论只可能来自哲学。自然科学并不能为我们带来它，因为自然科学只与一个很小的领域打交道，即物质—能量宇宙。其中不存在政治、艺术、正义与贫穷，而只存在星系、费米子（Fermionen）、电磁辐射、基因等物理对象。因此自然科学在存在论层面上是目盲的，尽管它在自己的领域内根据自身标准表现为正确的。我并不是在批判人们借助自然科学手段所认识到的事实，这种态度本身从哲学上讲是不合理的。但可惜的是，今天甚至包括一些掌权者在内的许多人都在散布这种态度。

我们生活在一个构筑于自然科学与技术之上的全球性知识社会中。十分可惜的是，这部分地令我们变得盲目，因为我们忘记了其他的诸种现实，亦即诸种意义场，正是在这些意义场中我们才作为人类而本质地存在着：艺术、政治、友谊以及——在一篇中译本前言中绝不能忘记的——美食。出色且极具地域多样性的中国美食有着所谓的正确的存在论，因为它向我们展示了，现实远比那些将饮食简化为对卡路里能量的摄入的人所相信的更加丰富。因为现实如果真如他们所想象的那般，那么人们完全可以只用蛋白棒、干沙拉与陈面包就着水应付了事。但这些只是形而上学式的食物。形而上学始终将现实的事物简化为一条公式，而公式无论如何都比现实本身贫乏得多。但形而上学的这一简化过程本身是现实的事物，因而也会对我们的思想与人类的共同生活造成影响。若我们将社会建立在错误的观念之上，便阻断了通往一个更美好的未来的可能性。只有当我们认清事实并将我们的行动导向事实上可能的方向，人类的未来才可能比现在更好。新实在论因此也包含有伦理学的成分，而这将会在我后续的书中展开。我希望，《为什么世界不存在》以中文形式出版，能够带来欧洲哲学家与中国哲学家之间新的对话。在一个全球化秩序中，我们有机会通过对话缔结新的友谊，并共同参与到一个超越了旧隔阂的哲学理论建构工作中。可以说，事实上并不存在中国的或欧洲的思想，而只存在一种普遍的思想，即，一种始终向他人开放的人类的思想。

2018年3月，于巴黎

目
录

导言　重新思考哲学

关于生活、宇宙以及其余一切，或许每个人都曾常常如此自问
过，这一切究竟意味着什么？我们置身何处？我们只是世界这个大
容器中的基本粒子的聚合体吗？而我们的思考、愿望与希冀，又是
否都拥有自身的实在性？若答案是肯定的，又是何种实在性？我们
如何理解我们自身的存在，甚或一般意义上的存在？我们的认识能
触及的范围有多广？

我将在本书中展开一个新哲学的原理，而这一新哲学发端自这
样一个简明的基本思想：世界并不存在。但您将会看到，这一思想
并不意味着根本不存在任何东西。举例而言，我们的星球、我的梦、
演化、马桶刷、脱发、希冀、基本粒子，甚至月亮上的独角兽，它
们统统都存在。"世界并不存在"这一原理能够推导出另一原理，即
"除世界之外的其他一切全都存在"。因此，我便能提前将我的观点
摆出来了。我认为，一切都存在，除了：世界。

本书的第二个基本思想是**新实在论**（NEUE REALISMUS）。新实
在论勾画了一种或许能标志着所谓的"后现代"之后的时代的哲学
立场（从严格的自传角度说，这是我本人于2011年夏天——准确来
讲是2011年6月23日下午一点半左右——在那不勒斯与意大利哲学家
毛里齐奥·费拉里斯［Maurizio Ferraris］吃午饭时提出的①）。因此，

---

① 关于"历史"细节可参看迄今为止遗憾只有意大利文版的毛里齐奥·费拉里斯的著作《新实
在论宣言》（*Manifesto del nuovo realismo*），罗马，2012年。

新实在论首先不过是对后现代之后的时代的命名。

后现代是在人类的一切宏大的神圣许诺（从宗教到现代科学，再到一切左翼或右翼极权主义的过于激进的政治理想）都失败后的一次企图重新上路的激进尝试。后现代试图打破与传统的联结，并将我们从"存在一种我们所有人都在追求的人生意义"这一幻觉中解救出来。[①]但为了将我们从上述幻觉中解救出来，后现代却制造了一些新的幻觉——尤其是认为"我们仿佛陷溺在我们的幻觉里"这一幻觉。后现代想要欺瞒我们说，人类自古以来便受困于一种巨大的集体性妄想，这一妄想便是形而上学。

假象与存在[②]

我们可以将**形而上学**（METAPHYSIK）定义为试图发展一种关乎世界整体（Weltganzen）的理论的尝试。形而上学应该描述的是，世界实际上是如何的，而非世界对我们如何显露、世界对我们如何显现。形而上学以这种方式在某种程度上首先虚构出了世界。当我们提及"世界"，我们所指的是一切实际情况（was wirklich der Fall ist），或曰：现实。显而易见，在"世界=一切实际情况"这一等式中，我们人类被排除出去了。因为人们通常认为，事物对我们的显象与其实际存在不同，所以为了认识事物的实际存在，我们必须清

---

① 对该讨论的导引，我推荐特里·伊格尔顿（Terry Eagleton）的《人生的意义》（*Der Sinn des Lebens*）（柏林，2008年）。

② 此处"假象"的原文为"Schein"。下文中出现的"显象"的原文为"Erscheinung"，而其动词形式"erscheinen"则在本书中被译作"显现"。在形而上学传统中，不少人认为事物在向我们显现（erscheinen）的过程中会受到人类认识形式的扭曲，因此事物的显象（Erscheinung）便不同于其本身的样子，从而显象某种程度上被视作假象（Schein）。——译者注

除认识过程中所有由人类造成的东西。现在我们已经进入哲学的腹地了。

后现代主义针对上述观点反驳道：只存在对我们显现的事物。在这背后根本不存一物，并不存在自在的世界或自在的现实。而一些不那么激进的后现代主义者，例如美国哲学家理查德·罗蒂（Richard Rorty），则认为在对我们显现的世界背后或许的确存在某些东西，但它对我们人类来说无足轻重。

然而，后现代主义不过是形而上学的又一个变体。确切地说，后现代主义与一种十分常见的建构主义形式有关。**建构主义**（KONSTRUKTIVISMUS）以下列预设为前提：根本不存在任何自在的事实，毋宁说一切事实都只是我们通过形形色色的话语或科学研究方法所建构起来的。这一传统最重要的担保人是伊曼努尔·康德。康德主张，我们无法认识自在的世界，无论我们认识到什么，都只是由人类这一方面所造成的东西。

让我们来举一个在人们论及这一话题时经常被提到的例子——颜色。最晚自伽利略·伽利雷与艾萨克·牛顿以来，颜色的实际存在便遭到质疑。这一看法使得像歌德那样的色彩爱好者大为光火，以至于他动笔撰写了自己的《颜色学》。人们或许会认为，颜色不过是一些刺激了我们视觉器官的具有特定波长的电磁波，而自在的世界实际上完全是无颜色的，仅由中等数量级且互相保持稳定的某些粒子组成。这一观点正是形而上学。形而上学主张，自在的世界完全异于其对我们的显现。康德相比之下只是更加激进地提出，甚至是这一观点本身——即关于时空中的粒子的观点——也只是自在的世界对我们显现的一种方式。世界实际如何，我们根本无从得知。我们所认识的，都只是我们所创造的，而这也是我们能认识它

12

们的原因。在一封给自己未婚妻威廉明妮·冯·庆恩（Wilhelmine von Zenge）的著名的信中，海因里希·冯·克莱斯特（Heinrich von Kleist）以如下方式生动形象地解释了康德式的建构主义：

> 当所有人拥有的是绿色的镜片而非眼睛时，人们必然会将自己借由镜片所看到的一切对象都判断为是绿色的；他们将无法判断他们所看到的是否是事物自身的状态，或者自己有没有添加进来自自己的眼睛的、不属于事物自身的东西。这也同样适用于人类知性，我们无法判断我们所称的真理是否确实是真理，或仅仅是其向我们显现的样子。[①]

13   建构主义相信康德的"绿色眼镜"。后现代主义甚至认为我们实际上不只佩戴了一副眼镜，而是许多副眼镜：科学、政治、爱和诗歌的语言游戏、各种自然语言、社会风俗等等。一切都不过是幻觉的复杂游戏，在这游戏中我们互相为对方指派一个在世界中的位置。简而言之，后现代主义认为人之存在不过是一部冗长的法国艺术电影，人类在其中竭尽全力欺骗他人、争夺权力、操控别人。但这些陈腔滥调以机智的反讽方式在当代法国电影中遭到了质疑。说到这里，人们会想到让-克劳德·布里索（Jean-Claude Brisseau）的《都会性男女》（*Heimliche Spiele*）或凯瑟琳·布雷亚（Catherine Breillat）的《地狱解剖》（*Anatomie der Hölle*）。大卫·O. 拉塞尔（David O. Russell）的电影《我爱哈克比》（*I ♥ Huckabees*）也同样以一种妙趣横生的方式否决了上述的可能性，这部电影与《木兰花》

[①] 参见海因里希·冯·克莱斯特：《书信全集》（*Sämtliche Briefe*），迪特·海姆布约克（Dieter Heimböckel）编，斯图加特，1999年，第213页，1801年3月22日致威廉明妮·冯·庆恩信。

（*Magnolia*）这种经典电影一道构成了新实在论的最佳证明之一。

人之存在及其知识既非集体性妄想，我们也并非陷溺于某些掩盖了真实世界的图像世界或概念系统。新实在论的出发点毋宁在于，我们所认识到的，是自在的世界。我们自然也有犯错的可能，那么在这类情况下我们确实处于幻觉之中。然而这当然并不意味着，我们总是或几乎总是在犯错。

新实在论

为了帮助读者明白新实在论在何种意义上带来了一种新的看待 14
世界的观点，让我们来举一个简单的例子：假若小明正在苏莲托城
（Sorrento）看维苏威火山，同时，我们（也就是您，亲爱的读者，
还有我）也正从那不勒斯的方向看着维苏威火山。那么在该场景中
存在着：维苏威火山、小明所看到的维苏威火山（即从苏莲托城看
到的维苏威火山），以及我们所看到的维苏威火山（即从那不勒斯看
到的维苏威火山）。形而上学认为，在上述场景中，只存在着一个现
实的对象，即维苏威火山，我们只是刚好从不同的两个地方向火山
望去，但这对火山本身并不产生任何影响。任何人对火山的关注都
与火山毫无干系。这种观点是形而上学。

与之不同，建构主义认为这个场景里存在三个对象：小明眼里
的火山、您眼里的火山，以及我眼里的火山。在它们背后，要么压
根不存在任何对象，要么不存在我们一度期望认识到的对象。

而我们新实在论者则认为，在以上场景中至少存在着四个对象：

1.维苏威火山

2. 从苏莲托城看到的维苏威火山（小明的视角）

3. 从那不勒斯看到的维苏威火山（您的视角）

15　　4. 从那不勒斯看到的维苏威火山（我的视角）

不难解释为何新实在论的观点才是最好的。不仅"维苏威火山是一座位于时下属于意大利的地表上的某处火山"是事实，"维苏威火山从苏莲托城或那不勒斯的方位看上去有些不同"同样是一个不争的事实。甚至我在望着维苏威火山时产生的最私密的感受同样也是事实（即便这些感受仅仅在下面这件事发生之前才是私密的，即苹果1000Plus手机的一种复杂APP能够扫描我的思想并将它们放到网上）。新实在论认为，对于事实的思考与被思考的事实一样，都有充分理由被视为是存在的。

相较而言，无论是形而上学还是建构主义，它们都毫无根据地简化了现实，因而失败了。它们要么将现实片面地看作一个没有观察者的世界，要么同样片面地只将现实看作一个由观察者所建构的世界。而我所熟知的世界，却总是一个充满了众多观察者的世界，在这个世界里，那些与我无干的事实和我对它们的关注（以及我的感知与感受等）共同存在。世界并非只是没有观察者的世界，亦非只是由观察者所建构的世界。这便是新实在论。旧的实在论，即形

16　而上学，只关注一个没有观察者的世界；建构主义则相当自恋地将世界以及一切实际情况都建立在人类的想象之上。这二者都是错误的。

现在我们必须来澄清，如何可能有观察者存在于世界之中，而观察者又不是一直到处存在。本书将会通过引入一种新的存在论来完成这一任务。传统上人们将**存在论**（ONTOLOGIE）看作"关于存

在者的学说"。古希腊语中的分词"to on"对应德语里的"存在者"（das Seiende），而"logos"在此处则径直指"学说"（Lehre）。[1]存在论根本上与存在（Existenz）之含义有关。例如当我们说"存在着猫鼬"（es Erdmännchen gibt）时，我们究竟在表达什么？许多人认为这个问题涉及物理学，或更一般地涉及自然科学所研究的领域。他们认为，一切存在的东西最终都不过是物质性的。我们也并非真的相信，存在着能够随意违反自然规律、以不可认识的方式围绕着我们的嗡嗡作响的精神（或者说，我们中的大多数人不相信）。然而，如果由此断定只有那些能够以自然科学的方式进行研究，能够借助手术刀、显微镜、颅脑CT而得到分析或者形成影像的才是实际存在的，我们将谬以千里。因为在这种情况下，不管是德意志联邦共和国，还是未来、数字或者我的梦，都将不复存在。但正因为它们都存在，所以我们不能毫不犹豫地将对存在（Sein）的追问托付给物理学家。正如我们将会表明的，物理学的确也是偏颇的。

不止一个世界

　　或许自这本书的开篇起，您便想知道我所谓的"世界不存在"到底是什么意思。那么我也不再卖关子，先行引入几个我随后会通过有助于理解的思想实验、案例与悖论来证明的观点。人们或许会认为，世界是不需要我们的作为而径直存在在那里且围绕在我们四周的一切事物所归属其中的"域"（Bereich）。今天我们以富有意义

17

---

[1]　"存在者"（das Seiende）意指某个或某类存在着的东西。通常哲学家在使用该术语时，主要是为了强调这是一个存在着的东西，并暂时搁置对这个东西的存在方式与具体样态的判断。因此，物件、事情、思维、情感、对象等都可以是存在者。——译者注

的方式谈论着"宇宙"。我们在此指的是一个无限的广阔区域，在其中无数太阳与行星沿着自己的轨道转动，而人类在银河系安宁的一隅建立起恬然自足的文明。宇宙同样在事实上存在着。我并不打算说星系与黑洞都不存在。但是我认为，宇宙并不是整体（das Ganze）。准确地说，宇宙也不过是一个部分。

人们不得不将**宇宙**（UNIVERSUM）设想为一种可通过实验得出的自然科学的对象域（Ggenstandsbereich）。然而世界远大于宇宙。国家、梦、未实现的可能性、艺术作品，尤其是我们对于世界的思考，也都属于世界。有相当多人类无法把握的对象存在着。当您在阅读我上文中所讲解的关于世界的思考时，您并未倏然消失，并从世界之外观察世界整体。我们关于世界的思考始终是在世界之内的，因为我们无法仅通过思考便轻易地逃离世界！

尽管国家、梦、未实现的可能性、艺术作品以及我们对于世界的思考都内在于世界，但它们不同于自然科学的对象域。我并没有听说物理学或生物学最近已经吞并了社会学、法学、日耳曼学。我也从没听说《蒙娜丽莎》画像在某个化学实验室中被拆解了。这毕竟太过于奢侈与荒唐了。因此，只有当我们把**世界**（WELT）定义为"无所不包的一切域的总域"时，对世界的定义才是有意义的。那么世界便成了这样一个域，在其中不仅存在着在没有我们的情况下存在着的一切事物与事实，还存在着只有在与我们相关时才存在着的一切事物与事实。因为世界归根结底便是包含了一切（生命、宇宙，以及其他一切）的域。

但正是这一无所不包的东西，也就是世界，并不存在且无法存在。我不仅希望能借助上述结论摧毁"存在着世界"这一人们十分顽固地坚持着的幻觉，同时还希望能借此获得一些肯定性的知识，因为我所主张的不仅是"世界不存在"，还有"除了世界，一切都存在"。

　　尽管我的主张初看上去可能十分奇怪，但其实只需借助我们的日常经验便能轻松地说明。想象我们现在正在一家餐馆与朋友共进晚餐。在这个场景中存在着一个包含了其他一切域的总域吗？我们能够画出一个将一切与我们这次聚餐相关的东西包围起来的圈吗？现在四下望一望，会发现我们很可能并非餐馆里唯一的顾客，还有其他一些各具不同心态与喜好的顾客。除此之外，还存在一个属于服务员、餐厅老板娘与厨师，以及那些寄居在餐厅里的昆虫、蜘蛛与不可见的细菌们的世界。另外我们可别忽略了那些在亚原子层面发生的事件，例如细胞分裂、消化机能障碍、人体荷尔蒙的波动。这其中的一些事件或对象互相联系，其中的另一些则毫不相干。那只悬在屋顶上默默无闻的蜘蛛对我此时的好心情或饮食偏好知道些什么呢？但它仍然属于我们这次聚餐活动的一部分，即使大多以一种未经察觉的方式。这就像人们不会把消化机能障碍置于自己注意力的中心一样。

　　因此有许多对象域与我们的这次聚餐活动有关，它们仿佛是一些微小而独立的世界，彼此并未实际上察觉到对方却又共存着。因此，总是存在着许多微小的世界，而没有一个包含了一切微小世界的总体世界。但这并不意味着这些微小的世界是总体世界的不同方面，而是只有这些微小的世界存在着。它们现实地存在着，而非仅在我的想象中。

　　正是在这一意义上，人们才能够理解"世界不存在"这一主张。"一切事物都是相关的"这一观点毫无疑问是错误的。"巴西的蝴蝶挥一挥翅膀便可能造成得克萨斯州的一次飓风"这一十分流行的说

19

20

法是全然错误的。的确，许多事物之间都有关联，但认为一切事物间都存在关联是错误的（严格地说，这甚至是不可能的！）。确实我们中的每一个人都总是在制造着一些"关联"，我们形成关于我们自己与周遭环境的看法，我们将自身的关注定位在周遭环境之中。例如当我们饥饿时，便从周遭环境中挖掘出一份菜单，世界便成了我们的饲槽。而在另一些时刻，我们则专注于进行思考（我希望现在便是这样的时刻）。在其他不同的时刻，我们显然也会有不同的目的。然而，同时，我们却在不断欺骗自己，认为我们的行为总是发生在同一个世界中，因为这是我们抬高人类自己的前提条件。我们的日常琐事对于我们而言就像对于垂髫小儿般，总是十分重要的，而某种程度上事实也确实如此。因为我们只能活一次，而这还只发生在时间上相当有限的事件境域（Ereignishorizont）之中。回忆一下，一些在今天被我们视为鸡毛蒜皮的事物，在我们幼时却无比重要，例如蒲公英。所以，在我们自己的生活中，"关联"也始终在变化。我们关于自我与周遭事物的认识总是在转变的过程中，我们每一刻都在适应之前从未遇到过的情况。

21   这个道理也同样适用于作为整体的世界（Welt im Ganzen）。同样不存在一个包含了其他一切关联的关联。并不存在一个足以描述一切的规则或世界公式（Weltformel）。这并不是由于我们迄今尚未找到，而是因为它们根本无法存在。

少于无

我们再来看看形而上学、建构主义与新实在论的区别。形而上学家主张存在一个无所不包的规则，而其中较大胆的一些人甚至声称自己已经找到了这一规则。从米利都的泰勒斯到卡尔·马克思或斯蒂芬·霍金，近三千年来西方世界从不缺少世界公式的发现者。

与此相反，建构主义则主张我们无法认识上述规则。在建构主义者眼中，我们处于权力斗争或交往行为之中，并且试图在"我们想要让哪一种幻觉生效"这一点上达成一致。

与上述二者不同，新实在论试图融贯且严肃地回答如下问题：这样的一种规则是否的的确确存在？对这一问题的回答本身并不只是又一个建构。相反，就如每一个对仍然被认真提出的日常问题的回答一样，它要求探明实情究竟如何。当您询问冰箱中是否还有黄油时，若得到如下回答，一定会感到十分奇怪："还剩一些，不过，黄油和冰箱实际上都只是一个幻觉，只是人类的建构。事实上，无论黄油还是冰箱都不存在。至少我们不知道它们是否存在。然而，还是祝你用餐愉快！"

为了能够理解为何世界不存在，首先我们必须明白，说某物存在到底是什么意思。只有当某物在世界之中出现，某物根本上才存在。如果某物不在世界之中出现，它存在在哪里呢？而我们在此把世界理解为整体，理解为一切可发生的事情在其中发生的总域。那么世界自身并不在世界之中出现。至少我还从未见过、感觉或尝过世界。即使当我们思考世界时，**我们所思考的那个世界当然也不同于我们思考时所置身其中的那个世界**。因为正当我思考世界时，我对世界的渺小思考是发生在世界中的一件极其渺小的事件。与此同时还存在着不计其数的其他对象与事件：阵雨、牙疼与联邦总理府。

因此当我们将世界作为思考的对象时，我们所把握到的东西不同于我们想要去把握的东西。我们永远无法把握整体，它对于任何思维来说都太宏大了。但这并非出于我们认识能力的缺陷，也不是

22

因为世界是无限的（我们人类至少能部分地把握到无限，比如在微积分或集合论中）。这毋宁说是因为世界根本不存在，因为它并不出现在世界中。

23　　一方面，我主张，存在着的东西远比人们所设想的要少，因为世界并不存在。世界不存在且根本无法存在。我将从这一断言中进一步引申出一些重要结论，这些结论特别是与在当代媒体和社会政治层面广为流传的那种科学世界图景（Weltbild）相悖。或更准确地说，我将立论反驳一切世界图景。因为我们无法获得关于世界的图景（Bild），因为世界并不存在。[①]

　　而另一方面，我还主张存在着远比人们所想象的要更多的东西，即，除了世界，一切都存在。我认为在月球背面存在着身穿警服的独角兽，因为我的这一想法以及身穿警服的独角兽都存在于世界中。不过据我所知，独角兽并不存在于宇宙中。我们无法在美国国家航空航天局预约一次探月之旅以便给独角兽拍下照片，在这个意义上我们无法找到上面所说的独角兽。至于其他一切据称是不存在的东西呢？例如精灵、女巫、卢森堡的大规模杀伤性武器等等。这些东西也出现在世界中，例如在错误的看法、童话故事以及精神病人眼中。我的答案是：一切不存在的东西也都存在着，不过这些东西并不都存在于同一个域中。精灵存在于童话故事里，但不存在于汉堡市。大规模杀伤性武器确实存在于美国，但据我所知，不在卢森堡。问题根本不在于"某物是否存在"，而总是"某物存在于何处"。因为一切存在着的东西都存在于某处——即使只存在于我们的想象中。

---

① "Weltbild"在日常德语中有"世界观、宇宙观"的意思。这个词由"Welt"（世界）与"Bild"（图像、图画、景象）两个词语构成，"世界观"亦即有关世界的总体性的图像、图景。本书将其译为"世界图景"。——译者注

而唯一的例外仍是：世界。它是我们根本无法想象之物。当我们确　24
信世界存在时我们所设想的，正如叛逆的明星哲学家斯拉沃热·齐
泽克的一本书的标题所说，是"少于无"（weniger als nichts）的。①

　　我将在这本书里为您呈现一个全新的、实在论式的存在论的基
本特征。因此对于其他理论的介绍并不是主要的，只有当引入一些
背景知识有助于读者更好地理解时，我才会引入其他理论中的概念。
因此本书并非意在提供哲学或认识论历史的一般性导论，而是要以
尽可能通俗的方式介绍一种新的哲学。我的目标就是要令本书简单
易读、无须前提条件，读者不必为了理解本书而先去啃那些犹如天
书的哲学经典作品。

　　本书将如同其他一切哲学那样从头开始。因此对我所使用的
那些最为重要的概念，我都会尽可能清晰地进行界定。这些概念
我都会用大写字母标示，读者随时可以在书末的术语表中查阅它
们的意思。因此我真诚地向您保证，诸如"统觉的先验综合"（die
transzendentale Synthesis der Apperzeption）这样的可怕词汇将只会出
现在我向你们保证在这本书里不会出现的句子中。

　　路德维希·维特根斯坦曾有言："可以言说的东西都可清楚地加
以言说。"②我十分赞同这一理想，因为哲学不应是一门只属于精英的
隐秘科学，而是一项广泛传播的、公共的事务（即便它有时相当烦　25
琐）。有鉴于此，我将仅限于向您引介一条（我所发现的）具有相当
独创性的道路，来穿过那或许是最宏大的哲学问题的迷宫：我们来

---

①　斯拉沃热·齐泽克：《少于无：黑格尔与辩证唯物主义的阴影》（*Less Than Nothing: Hegel and
the Shadow of dialectical Materialism*），伦敦，2012年。
②　路德维希·维特根斯坦：《逻辑哲学论》，载《维特根斯坦作品集》（*Werkausgabe*）第1卷，美
因河畔法兰克福，2006年，第9页。（中译参见维特根斯坦：《逻辑哲学论》，韩林合译，商务
印书馆，2019年，第3页。——译者注）

自何方？我们身处何处？这一切究竟意味着什么？

期盼能够对这些人类问题做出真正全新的回答或许有些天真，但另一方面，这些问题本身便是天真的。不少小孩都提出过这类问题——希望他们永远都不要停下来。我向自己提出的第一对哲学问题，是在小学放学回家的路上偶得的，而此后它们便再没有离开过我。一次是当雨滴落入我的眼睛，而我由此看到了一盏路灯的重影。因此我问自己，即时即刻是一盏还是两盏路灯？是否以及在何种程度上我可以相信自己的感觉？另一个问题的出现，是发生在当我忽然意识到因为时间一直在流逝，所以我口中的"现在"指的可以是完全不同的时刻时。此刻我深知世界不存在，但为了能以哲学的方式兑现这一思考，并将它与另一种说法区分开来，即"一切都只是一个幻觉"，我花了足足二十年时间。

我在数所大学教授哲学已有若干年头，其间获得了无数机会与来自世界各地的不同研究者讨论有关认识论与哲学怀疑论的问题（这二者是我的研究重点）。您可以不必惊讶，我将自己所遇到的几乎一切（大概最通常的情况是我自己的信念）都纳入怀疑之中。但有一件事对我却是愈加明了的：哲学的任务在于一遍又一遍地从头开始，始终如斯。

第一章　世界，它究竟是什么?

那么就让我们再次从头开始吧! 这一切意味着什么? 这是彻头彻尾的哲学基本问题。我们在某一天来到这世上，不知自己来自何方，将往何处。通过随后的教育与日常养成的习惯，我们逐渐适应了世间的一切。但当我们熟悉了这个世界之后，却几乎都忘了去问这一切意味着什么。世界，它究竟是什么?

在生活中，我们的交际、希望以及愿望通常而言都有其意义。例如，当我写下这段文字时，我正坐在一节位于丹麦境内的火车车厢中。我身旁的那位仁兄正在发短信，乘务员在车厢内来回走动，我时不时会听到一段用丹麦语播报的列车广播。这一切都有其意义: 因为我正前往奥胡斯（Århus），一座位于丹麦北部的城市，为此我选择搭乘火车，而我正在经历着那些通常人们搭火车时都会经历的事情。不过现在让我们想象有一位身长七米二且由绿色液体构成的外星生物，它来到了地球并登上了这班列车。列车上的一切对这位外星来客而言都非同寻常，或许甚至完全不可理解。它爬行着穿过我所在的这节车厢的狭窄过道，并对周围的一切新奇事物感到惊讶（尤其是那些坐在窄间里胡乱地用手指划着一块小屏幕的带毛动物）。

哲学家们看待世界的方式一定程度上一如外星来客或孩子们看待世界的方式，一切都是全新的。他们强烈质疑那些根深蒂固的成见，甚至怀疑专家们所断言的科学结论。哲学家们一开始完全不相信一切。在这件事情上，我们以伟大的哲学英雄苏格拉底为榜样。他在雅典人的法庭上那著名的辩护词中声明："我只知道我一无所知。"[①]后世的哲学家们至少在这点上并未改变。

尽管哲学家们声称自己一无所知，人们还是能从他们身上学到不少东西，尤其是：永远不要忘记事物可能与其向我们所显现的样子完全不同。哲学从未停止将一切纳入怀疑之中，甚至包括哲学自身。也只有以这种方式我们才可能理解这一切究竟意味着什么。若某人全神贯注于哲学与哲学所关注的那些宏大的问题，那么，他便是在学着检验那似乎不证自明的一切——而这也是通往人类几乎一切伟大成就的必由之路。如果从未有人提出"我们应该如何共处？"这一问题，那么民主以及关于自由社会的观念也将不可能出现。如果从未有人提出"我们究竟身处何处？"这一问题，那么我们便无从得知地球是圆的，而月亮只是一块环游着的石头。希腊哲学家阿那克萨戈拉也正是为此而被指控渎神。而最伟大的意大利哲学家乔尔达诺·布鲁诺因主张存在外星生命、宇宙是无限的，被以异端论处。布鲁诺的上述观点与主张人类和地球是上帝的宠儿、上帝在某一特定时刻创造了世界（因而世界不可能是无限的）的基督教神学水火不容。

因此，本书的主旨正是"这一切意味着什么？"这一问题。人的生命、人的历史以及人的认识究竟是否有意义？我们不过是某个星球上的动物吗？就像太空中的蚂蚁和宇宙中的猪？我们自己只是些奇怪的生物吗？我们对于奇怪的外星人来说就像电影《异形》里的

---

① 参见柏拉图：《苏格拉底的申辩》，载乌尔苏拉·沃尔夫（Ursula Wolf）编：《柏拉图全集》（*Sämtliche Werke*）第1卷，汉堡，2004年，第17、18页。

异形生物对于我们一样骇人吗？

如果我们想弄明白这一切意味着什么，那就必须首先忘记一切我们确信自己已然知晓之事，并从头开始。勒内·笛卡尔正确地指出了最根本的哲学态度，即一个人一生中至少应有一次将自己所有确信之事纳入怀疑之中。那么就让我们至少一次放下习以为常的信念，并像个外星人或孩子那般发问：我们究竟身处何处？因为，在我们自问"这一切究竟意味着什么"之前，我们理应先澄清这个"一切"（das Ganze）究竟是什么。①

在著名的当代俄国长篇小说《佛陀的小指》（*Buddhas Kleiner Finger*，2009年）中，有个名为普约塔·普斯托塔（Pjotr Pustota）的角色（他的名字直译过来就是彼得·空无［Peter Leere］）做了如下这番思考：莫斯科位于俄罗斯，俄罗斯位于欧亚大陆，欧亚大陆位于地球，地球位于银河系，银河系位于宇宙。但宇宙位于何处？容纳了上述一切的域又在哪里？难道它仅存在于我们正思考着它的思维中？那么我们的思维又在哪里？如果宇宙只在我们的思维中，那我们的思维就不可能又在宇宙里。或者，这其实是可能的？让我们来看看书中两位主角这段颇具苏格拉底风格的对话：

> 我们碰杯并饮酒。"地球在哪里呢？""在宇宙（All）中。""那宇宙呢？"我想了想，说："在自身中（In sich）。""那这个'自身'又在哪里？""在我的意识里。""好吧，彼得（Petka），这意味着你的意识在你的意识里。""的确如此。""那么，"查帕耶夫（Tschapajew）捋了捋胡子，说道，"现在请仔细

---

① 在德语中，"Ganze"既有"整体"也有"一切"之意，本书依语境而翻译。——译者注

听我说。告诉我，你的意识处在哪个地方？""我不太明白你的意思……因为'地方'这一概念也是一种属于人类意识的范畴，所以……""这个'地方'究竟在哪里？'地方'概念处在哪个地方？""我们可以说它不在任何地方，最好说，是现……"我没有把话说完。原来如此！我心想。如果我用了"现实"这个词，那么他就会接着问我，现实在哪里。而我只能说，它在我的脑子里……就像乒乓球比赛里一个永无止境的回合。[①]

31　彼得由此领会了"世界不存在"这一令人眩晕的思想。一切最终都发生在一个宏大的"无处"（Nirgendwo）。原著的小说名直译过来其实是《查帕耶夫和空无》（*Tschapajew und die Leere*），它的作者，世界知名小说家维克多·奥利高夫·佩列文（Viktor Olegovič Pelevin）通过书的标题给了我们"我们置身何处"的答案：我们在宇宙里，而宇宙则在一片空无中，在无处。巨大的空无环绕着一切，这不禁让人想起米切尔·恩德（Michael Ende）在《永远讲不完的故事》（*Unendliche Geschichte*）里所描述的：儿童的幻想世界"幻想王国"，不断地受到被"虚无"（Nichts）所吞没的威胁。一切只在我们的幻想中上演，除此之外只存在始终威胁着我们幻想空间的"虚无"。因此这部小说的主旨在于，我们必须呵护和关照我们童稚的幻想世界，并且即使在长大后也不应停止做梦，否则我们将有可能堕入"虚无"，堕入毫无意义的现实，在其中一切都不再有意义。

像《佛陀的小指》《永远讲不完的故事》之类的小说，像克里斯托弗·诺兰（Christopher Nolan）的电影《盗梦空间》（*Inception*），

---

① 参见维克多·佩列文：《佛陀的小指》，安德雷亚斯·特雷特纳（Andreas Tretner）译，慕尼黑，1999年，第179、180页。

以及莱纳·维尔纳·法斯宾德（Rainer Werner Faßbinder）的电视电影《世界旦夕之间》（*Welt am Draht*）——作为《黑客帝国》（*Matrix*）前身的一部无与伦比的电影，它们所勾起的问题恰恰就是哲学所关注的。这些问题并非只有在后现代小说与20、21世纪的流行文化中才受到瞩目。关于现实是否仅仅是一个巨大的幻想或一场梦的问题，早已在人类精神史上留下了诸多深深的痕迹。千百年来，只要是有宗教、哲学、诗歌、绘画和科学的地方，都能看见这个问题的印迹。 32

现代自然科学也对我们通过感性经验所获知的一大部分现实感到怀疑。在近代早期，另一位被判为异端的意大利人伽利略·伽利雷便怀疑颜色其实并非独立于我们感觉的存在，并断言现实是无颜色的，是由在数学上可描述的物质对象及其运动变化所组成的。现代理论物理学甚至更为激进。所谓的弦理论家们认为，物理现实最终不再具有任何我们所熟悉的意义上的时空性。至少四维时空可能是一种借助某些可通过物理公式进行描述的进程，从更高维度投射下来的全息照片。①

现实可能与其所显现的样子完全不同，这对于现代人而言是一种熟悉的思想，我们在学校里就已经有所了解——比如当我们第一次惊奇地发现可以运用字母进行运算时，又或是在旅途中发现有必要修改过去对于人与事的一些根深蒂固的偏见时。当如此之多的事物在进一步省察下都经不起推敲，当一切知识似乎都笼罩在一种深深的无知中时，为何还要相信我们眼前的这个现实，这个我们仿佛居住于其中的世界？

---

① 参见布莱恩·格林（Brian Greene）：《优雅的宇宙：超弦、隐秘的维度以及对世界公式的追寻》（*Das elegante Universum. Superstrings, verborgene Dimensionen und die Suche nach der Weltformel*），柏林，2002年。

你和宇宙

33   在这一章里我将进一步探究"一切究竟都发生于何处"这一问题，并尝试给出哲学上的解答。为了能够理性地回答上述问题，我们首先必须区分两个重要概念，因为它们为科学与日常生活，同样也为哲学，带来了许多混乱。这两个概念便是"世界"与"宇宙"。

让我们先从"宇宙"开始。这个概念近来愈加带有神秘与宗教色彩。在试图传达秘传思想的（esoterisch）畅销书例如《宇宙订购服务》（*Bestellungen beim Universum*）或者一些当代电影、电视剧（特别常见于例如流行情景喜剧《老爸老妈的浪漫史》[*How I Met Your Mother*]）中，宇宙被看作命运所在之地：宇宙想要从我们这里获得某些东西，或传达给我们一些信息。宇宙在此代表着我们置身于其中的最大整体。当我们自问，实在（Realität）、现实（Wirklichkeit）、世界（Welt）、古典宇宙（Kosmos）或现代宇宙（Universum）是什么时[①]，这些含糊的词汇实际意指"整体"，而我们进而会好奇这个"整体"到底意味着什么。

因此，关于人生之意义的问题显然与关于整体究竟是什么的问题有紧密的联系。若我们一开始便认定整体实际上只是一堆亚原子粒子的总和，或者某些更加混乱的结构——例如在十维空间和一维时间中振动，每每根据频率的不同而显现为电子之类的东西的所谓34 的"弦"——那么我们将很难从中获得任何意义，因为我们的生命

---

① "Kosmos"与"Universum"都是宇宙的意思，前者代表古代宇宙观，后者代表现代宇宙观，这里姑且处理为"古典宇宙"和"现代宇宙"以示区分。下文不涉及两者对比区分处则仍翻译为"宇宙"。Kosmos来自希腊语，指一个有限的、具有等级秩序的宇宙，Universum来自拉丁语，指一个无限的、均质的宇宙。对此可特别参看柯瓦雷的著作《从封闭世界到无限宇宙》（张卜天译，商务印书馆，2016年）。——译者注

似乎只是一个纯粹的幻觉，只是一些无精神的粒子的单纯效果。但当我们确信自己实际上只是一堆振动着的弦却幻想着自己是一个拥有兴趣、计划、愿望以及畏惧的人时，我们已经被《永远讲不完的故事》里的虚无追上了。

当我们提到"宇宙"（Universum）时，我们已然隐晦地对"我们所身处的整体是什么"这个问题给出了自己的答案。不似某些秘传教徒，我们一般将宇宙看作一个包含了从茫茫黑暗中脱颖而出的无数星系和星体的巨大聚合物。我们对宇宙的印象近似于一幅由哈勃望远镜所拍摄到的巨大照片。而我们也存在于这个宇宙中的某个特定位置，确切地说，是在太阳系中的第三个星球，而太阳系与周边围绕着的大约四亿个星体共同构成银河系的一部分。

初看上去，这个对于我们所处位置的描述没什么问题。这就好比是在说，我正坐在我家的客厅里，而我的客厅则位于莱茵河畔一座名叫辛奇希（Sinzig am Rhein）的德国小城里的海伦娜堡大街（Helenenbergstraße）上。但这么说是极具误导性的。因为谈论客厅与谈论星球有着基本的区别。星球与星系是天文学考察的对象，因而也是物理学所考察的对象，客厅却不是。客厅与星球包含着这样的区别，我们装修自己的客厅，在那里吃饭、熨衣服或看电视，而对于星球我们进行的是观测，借助花费高昂的实验来测量其化学构成、确定它们与其他星体之间的距离及诸如此类的其他一些活动。物理学并不关注客厅，充其量只关注客厅里隶属于自然规律的物理对象。客厅完全不在物理学中显露，星体则显露而出。

因此，客厅和星体根本不属于同一个对象域。**对象域**（GEGENSTANDSBEREICH）是包含了某些特定种类对象的域，同时我们还可以指出使得这些对象之所以被联系在一起的规则。例如存

35

在政治的对象域。这一对象域包含选民、社区活动、所谓党派的基层基础、税费，等等。同样还存在着包含了所有自然数的对象域，例如数字7和数字5就属于其中，某些基本的运算规则适用于这一对象域。因此我们可以看出，对象域并不必然是一个空间上的概念。上维瑟尔市（Oberwesel）的市长能在伦敦度过自己的周末，同时并不失去他作为上维瑟尔市市长的身份。何物属于某一对象域，由特定的规则或规律来确定。其中一些规则是位置性的、空间性的，例如，我左手的五根手指就属于我的左手这一对象域。如果我的其中两根手指在我前往波恩的同时留在了奥胡斯，那么那两根手指将不再属于我的左手这一对象域。

36   首先，一切对象都出现于对象域中；其次，存在着许多不同的对象域。客厅是一个对象域，一般而言其中存在着如下事物：电视、沙发椅、台灯、茶几和咖啡渍，等等。同样地，星系也是对象域，但由于它是天体物理学的研究对象，因此我们并不指望在其中发现台灯或咖啡渍，而只有星星、星体、暗物质、黑洞等诸如此类的东西。在城市行政区中则有着许多其他对象：公务员、文件夹、法律、预算，以及无聊。

不难看出，存在着许多不同的对象域，并且在日常生活中我们能够不费劲地将它们彼此区分开来。我们知道当自己步入市政办公厅后会遇到什么：我们必须取一张排号用的小票或者等在一群排队的人中，在某些时刻人们必须比平时花费更长的时间排队等待，以及我们总是会把一些重要文件落在家里。然而，狭义上的物理对象并不在这一"去市政办公厅办事"所属的对象域里显露。去市政办公厅办事涉及的并不是电子或化合物。我们固然可以用化学研究的方式对一间办公室进行分析，可以对两点之间的精确距离或者房间内特定物体的速度进行测量（例如，指针走动或办公椅旋转的速度）。然而，这类研究与"去市政办公厅办事"却是两码事。由于属 37于办公室的那些对象并不在物理学或化学中显露，对从一间办公室里提取出来的一个特定的时空段进行物理学与化学分析不再是对办公室的分析。这是因为，在物理学中人们并不研究回形针或公务员。物理学所关注的是运动、速度、原因与结果等，而不关注公务员或每日被使用的回形针数量。也正是因此，物理学与化学的研究对象并不囊括一切。一份关于歌德名著《浮士德》的物理学研究项目是很难申请到德国科学基金会（Deutsche Forschungsgemeinschaft）的第三方赞助的。而这是因为物理学研究并不关注《浮士德》的内容，而充其量只关注那些组成了记录《浮士德》内容的书籍和其他文件的对象（原子、分子等）。

让我们回到我们原本关于宇宙的话题上来吧！我们认为自己的客厅位于宇宙之中。然而这么说并不准确。因为进一步观察使我们知道，宇宙仅是自然科学（尤其是物理学）的对象域。因此我们可以确信，宇宙首先是包含了一切可以通过自然科学的研究方式加以实验探究之物的东西。宇宙或许与四维时空有关，不过这一切都尚未完全明了，因此我还是把"宇宙中究竟存在着什么"这个问题留给物理学家们吧。而我们哲学家能做的判断是宇宙并不是一切，因 38为它充其量只是一个对象域，或者说是物理学的研究领域。因为物理学与其他一切科学一样，无法看见自己研究领域之外的东西，因此宇宙是一个比整体小的概念。宇宙只是整体的一部分，而非整体本身。

由于宇宙是物理学的对象域，我们还将"宇宙"看作一个我们迷失于其中的无尽空间。这样一种无限令我们感到晕眩，我们感到自己确乎失去了脚下的根基。我们只意识到自己站在地球上，由于某些自然规律而被吸住。地球在宇宙的广袤空间中快速运动着，我们不知自己究竟身处何方。"核心区域"（Zentrum）与"边缘区域"（Peripherie）这类概念并不适用于描述时空，因为在宇宙中并不存在"中心"（Mitte）和"边缘"（Rand）；只有仍受古代世界图景影响的人才会认为它们存在，在这些人眼中，银河系仿佛是宇宙的中心，而站在宇宙边缘处的人有滑落下去的危险。悲观主义哲学家阿图尔·叔本华曾以如下方式描述过我们在宇宙中的处境：

> 在无限的空间中盘旋着数不清的发光球体，而它们每一个周围又复有约莫一打更小的但同样闪闪发光的球体在绕行，它们坚硬而寒冷的外壳包裹着灼热的内核，在外壳发霉了的表层产生了具有生命与认识能力的生物：这便是经验事实，是真实，是世界。然而下列情形对于具备思维能力的生物来说是十分糟糕的：站在无尽空间中的数不清的自由飘浮的球体中的一个之上，却不知从何处来、将往何处去，只是作为在没有开端与尽头的时间中不断快速地出生和消亡的无数挤压、喧闹、纠缠的相似生物中的一员而存在：这里没有任何持存的东西，除了物质与那样一种轮回，即同一个各式各样的有机形式借助某些一度存在着的方式与渠道的轮回。[1]

当我们将一切生命与意义定位在宇宙中时，生命之意义便化作蝼蚁之幻觉，不论其有多么重视自身。从宇宙的视角来看，我们仿

---

[1] 阿图尔·叔本华：《作为意志和表象的世界》，载卢德格尔·吕特格豪斯（Ludger Lütgehaus）编：《5卷本叔本华文集》（*Werke in fünf Bänden*）第2卷，苏黎世，1988年，第11页。

佛出于单纯生存利益的缘故而耽溺于傲慢的幻想，幻想人类及其生活世界是有别于常物的。但在宇宙中我们的意义并不享有特权。对于一个尽管其光亮才刚抵达地球但却早已消亡的星系而言，我是否吃了早餐，是无足轻重的。我们至多不过是宇宙中的某一生物种类，为了增加自己存活的几率而在一个物质性的周围环境中操控着饥肠辘辘的身躯并且与他人合作。

　　生命的意义在宇宙中无处可寻，但这并非是由于人类终究不外乎某一发光星球上忙碌着的蝼蚁。我们之所以深感渺小与无意义，其真正的根源毋宁说在于我们将不同的对象域混为一谈。"宇宙"这个词不仅意指一个物，还指示出了某种特定的观察方式。它并非不证自明且不可替代的位置表述，它不是对我们置身于其中的那个整体的唯一表达，而是错综复杂的思维过程的产物。宇宙，无论它有多大，都只是整体中的一小部分罢了。

　　一如他许多其他精妙的箴言，尼采曾如此描述道："围绕英雄，一切皆成悲剧，围绕半神，一切皆成羊人剧（Satyrspiel）；而围绕上帝，一切皆成——什么？也许皆成为'世界'？"[1]我们不禁以相同的口吻补充道：围绕自然科学家，一切皆成宇宙；围绕士兵，一切皆成战争。若有人认为一切存在者都位于宇宙之中，或是一切事件都发生在宇宙之中，那么他便犯下了一个错误，他将众多对象域中的一个当作了整体。这就好比一个人因为自己只研究植物学而认为一切存在者都是植物一般。

　　当我们将自己的客厅定位于宇宙中时，我们便在自己丝毫未察

40

---

① 弗里德里希·尼采：《善恶的彼岸》，载乔尔乔·科利（Giorgio Colli）、马志诺·蒙提那里（Mazzino Montinari）编：《15卷本考订研究版尼采全集》（*Kritische Studienausgabe in 15 Bänden*）第5卷，慕尼黑，2009年，第99页。

觉的情况下从一个对象域转换到了另一个。当我们对"宇宙"这一
概念做出比通常更加精确的界定后，我们会发现许多对象根本不属
于宇宙这一范畴——亦即，根本不属于自然科学的对象域。电视剧
《史通伯》（Stromberg）或者托马斯·曼的《魔山》并不属于自然
科学的研究对象，但它们出现在客厅的对象域中。由此可以得出的
41 第一个人们大概必须试着去接受的结论是：有许多并不存在于宇宙
中的对象。所以尽管宇宙是由起码数千亿星系与数量夸张的亚原子
粒子所组成，但它实际上远比人们设想的要小得多。宇宙尽管令人
难以置信地充满着活力，且其中仍有诸多未被探明的事实真相，但
它仍然只是众多局部中的一个，一个整体之中的**存在论层面上的局
部空间**（ONTOLOGISCHE PROVINZ）。宇宙因此根本上只是存在论
层面上局部性的，因为还有许多东西并不在宇宙中显露。除了宇宙
之外，还存在着许多不同的对象域。但这并不意味着，这些其他的
对象域统统都外在于宇宙而存在，后面这种说法是一个完全不同的
（并且错误的）论题。托马斯·曼的《魔山》或德意志联邦共和国并
不存在于一个不同于宇宙的地点，例如在星系的后面或是上面，从
而可被视作"超星系的"（hyper-galaktisch）或"后星系的"（meta-
galaktisch）。

　　在我们涉足下一个话题前，适时地抽出一些时间以回应一个与
上述内容相关的反对意见是值得的。有一种反对意见认为，我上文
中所列举的对象仍处在宇宙中，因为它们归根结底是由物质所组成
的，而物质正是物理学的研究对象。确实，常见的客厅中的常见的
茶几都是由物质组成的。但梦境中的茶几与客厅则不是由物质组成
的，如同想象中的100欧元纸币不是由物质所组成的一样。否则人们
42 光靠想象300万欧元纸币便能致富并借此为自己添置一座城区别墅。

若人们真能凭想象出的钱购买别墅，那么人们也就能够动用自己的想象力使自己想象中的银行账户再度丰盈。而回忆的情形同样如此。即使我今天五次回忆起昨日的晚餐，也并不会因此而增重，因为一个记忆中的晚餐——或更准确地说，记忆中对晚餐的印象——并不会令人增肥。记忆中的对象或场景并不以物质的方式存在，它们并不存在于或不再存在于宇宙中。

唯物主义

在此我们必须区分物理主义和唯物主义。**物理主义**（PHYSIKALISMUS）认为一切存在着的东西都存在于宇宙中，从而也都能以物理学的方式被研究；而**唯物主义**（MATERIALISMUS）则认为一切存在着的东西都是物质性的。自古希腊时期以降，古典版本的唯物主义便提出过一种原子论的变种，即，实际上只存在着众多原子——些许类似于如今所谓的"上帝粒子"（Gottesteilchen），物质的基石——以及围绕着原子的虚空。不过由于存在着众多截然不同的唯物主义，因此这一表述能指代许多彼此间毫不相干的学说。但我此处所指的仅是由这两种观点所构成的唯物主义：首先，一切存在着的东西都存在于宇宙中；其次，一切位于宇宙中的东西，都是物质的，或至少以物质为基础。唯物主义认为一切存在着的东西都由基础性的基本粒子组成，从氢原子到阿尔卑斯山再到我的思想（唯物主义认为思想是且仅是脑状态），这一切都是凭借这些基本粒子而如巨大的乐高建筑群一般拼接在一起的。

唯物主义认为作为脑状态的记忆与想象是物质的，虽然我们记忆中与想象中的对象则并不必然是物质的。这种说法还真是够稀奇

43

的了。例如人们应该如何解释，尽管脑状态是物质的，但却能借助想象的形式指涉非物质对象？物质对象是如何能够与非物质的东西联系在一起的？当唯物主义者承认脑状态涉及非物质对象时，他便已经承认了存在着某些非物质的东西，亦即脑状态所涉及的那些非物质对象。让我们来想象一下如下场景：正在撰写一本名为《为什么人类不存在》的书籍的，是一个浑身绿色且覆盖着黏稠体液的三头怪。就我们所知，宇宙中并不存在这一描述的对应物。但是我们同样不能排除这一可能性，因此正如许许多多的其他情况，我们在此无法断定，某种脑状态中的内容是否确实指涉着某些物质性的东西。

44 　　随之而来的第二个问题是：唯物主义者认为，之所以存在我们想象中的非物质对象，只是因为我们已经置身于某个与某物相关的物质状态中。而这便意味着当唯物主义者构思出"只存在物质状态"时，他自身也置身于某一特定物质状态中。我们知道，有些物质状态（诸如想象这样的脑状态）能够通过以某种方式与非物质状态打交道而与非物质状态产生联系。那么唯物主义者是如何得知他脑中关于"只存在物质状态"的念头不只是想象呢？他如何能断言，作为他思维对象的物质状态，不是想象而确确实实是物质的呢？

　　为了能确保这一点，唯物主义者或许会采用归纳与实验的方式。那么他便必须研究一切对象与思维，并证明它们都是物质的。但此举成本过高，且从时间上看也不太可能完成，因为需要处理的数据量实在大得惊人。所以我们不可能通过观察和检验是否一切对象（以及一切思维）都是物质的来证明"只存在物质状态"这个观点。那么唯物主义者是从何得知一切对象都是物质状态？若他们无法告诉我们这一点，我们便没有理由加入唯物主义的阵营。

因此唯物主义便不是可通过自然科学的研究方式得到证明的命题。不仅如此，唯物主义还是完全错误的。这能从唯物主义的另外两个严重的问题中看出。唯物主义者认为一切貌似非物质性的存在都只是物质存在的所谓附属。这种论调通过承诺能够提供一个对世界的完整解释来宣扬自己，这种解释告诉我们：一切存在着的东西都是物质的，包括作为我们大脑物质（神经）状态的思维。一切表面上的非物质存在都只是脑中幻觉。 45

唯物主义的第一个问题是指认（Identifikation）的问题。唯物主义告诉我们，我们关于一个带有咖啡渍的茶几的表象归根结底可被还原为这样一个事实，即咖啡桌与咖啡渍是由例如亚原子粒子之类的物理对象所组成的。然而，为了从所有亚原子粒子中准确地找出与带咖啡渍的茶几相关的亚原子粒子，即指认出（identifizieren）相关的特定粒子堆，则要求我们必须去寻找茶几的粒子（而非某个在茶几上的遥控器的粒子）。如此我们便必须承认茶几的实际存在，因为只有借助茶几我们才能找到它的粒子。而这同样适用于我们的想象：我们必须首先承认想象以及非物质形式的表象内容的实际存在，才能指认出与其相关联的粒子团。统而言之，唯物主义为了否认表象的实际存在，必须首先承认它存在着。这是一个悖论。

唯物主义的第二个极具灾难性的问题在于，唯物主义自身不是 46
物质的。唯物主义是这样一种理论，它主张万事万物都毫无例外地是由物质对象（无论是基本粒子还是其他东西）所组成的。若此说法为真，那么唯物主义的理论的真理便同样也只是以唯物主义者的脑神经状态形式呈现出来的基本粒子的集合。然而一个思想却绝不可能仅凭其脑状态的身份而为真。否则任何人们所拥有的作为脑状态的思想，由于它属于某个人，便都是真的了。思想的真理不等同于某个人置身于某一神经状态中。一言以蔽之：人们根本上如何能够去想象一种唯物主义式的真理观或知识观，这是完全不清楚的。因为真理本身很可能不是基本粒子或由基本粒子所组成。

我们现在获得什么结论了？我们已经认识到，从我们的客厅、咖啡渍、邻居、公务员一直到星系，把一切对象都置于宇宙中的思维方式是前后矛盾的。看起来，我们并不能将一切对象都置于宇宙中。只有物理主义或者唯物主义成为真正前后一致的思维方式之后，这一点才是可能的。但这两种理论都是严重错误的。它们混淆了某一特定的对象域与整体，这就好似一位自然科学家告诉一位列车乘47 务员，最终除了粒子堆外一切都不存在（然而这基本上不能免除他买票的义务）。

"世界是所有实际情况"

我们必须区分**世界**（WELT）与宇宙。但世界，它究竟是什么呢？"世界"这一表述究竟指涉何物？如今在日常生活中我们用它来指代地球，指代我们生活于其上的星球。在英语中，人们已习惯用"诸世界"（Welten）来指代包括太阳系之外的或多或少可以居住的星球。此外，"世界"还用在小说的世界、澳大利亚原住民的世界、幸福的世界、罗马人的世界等。在某种程度上可以说，我们一开始都自然地倾向于将世界等同于一切现成对象的总和。为了能有这样一个总和，某种统摄这一总和的规则或规律也必须存在。"罗马人的世界"并不仅指存在于当时罗马帝国中的对象的总和，还包括了罗马人之间的关系以及他们与这些对象打交道的一种特定的方式方法，即罗马的文化、礼仪、风俗等。路德维希·维特根斯坦在他的《逻辑哲学论》的第一句话中首次指出了这一要点：

1.世界是所有实际情况。

1.1世界是事实而非物的总和。[①]

我们可以用如下方式来澄清他的主张：让我们拿一个熟悉的东西来举例，一颗苹果。苹果在果盘里。让我们假设，世界中只有苹果、果盘以及它们所占据的空间。在这个例子中人们可能会认为，世界等同于以下三物的总和：

1.苹果，

2.果盘，

3.上述二者所占据的空间。

然而在我描述的这个世界里的情形并非苹果比果盘更大或苹果不在果盘中，因为这个世界是由在果盘中的苹果所构成的。因而除了这些物本身之外还存在一些事实，这些事实涉及物之间的相互关系。

事实（TATSACHE）意指关于某个东西为真（wahr）的东西。因此说苹果位于果盘中，是关于苹果为真的。对于世界而言，事实至少与物（Ding）或**对象**（GEGENSTÄNDE）同等重要。我们可以通过一个十分简单的思维实验来理解这一点。假设只存在事物而没有事实，那么便没有关于这些事物为真的东西了，因为这些关于事物

---

① 路德维希·维特根斯坦：《逻辑哲学论》，美因河畔法兰克福，2006年，第9页。（中译参见维特根斯坦：《逻辑哲学论》，第5页。——译者注）

为真的东西是事实。不过若如此，则"没有关于某些事物为真的事实"这一说法，反倒因此是关于这些事物为真的了。这是一个相当明显而又糟糕的悖论。因此，在任何可以想到的场景中都至少存在一个事实，但是在一部分可以想到的场景中不存在物。再用另一个简单的思维实验来说明：假设一切都不存在，没有时空、猫鼬、袜子、行星、太阳，一切都不存在。在这一极其荒凉而又令人绝望的处境中，其情形是，一切都不存在，而"在这一情形中一切都不存在"的想法则显得是真的。因此，在这一荒芜的虚无之境（öden Nichts）中至少还存在着一个与这一荒芜的虚无之境相关的事实。然而，这一事实本身绝对不是虚无（nichts）。相反，它是至关重要的事实，是关于这一绝对荒芜的真相。因此，在上述荒芜的虚无之境中依然存在着某个东西，即关于这一荒芜的虚无之境为真的事实。由此，"一切都不存在"是不可能的。因为其他东西都可以不存在的前提是，必定至少存在着一个事实。

　　一个没有事实的世界是不存在的。同样地，也没有哪一种虚无不同时伴随着"无物存在"这一事实。当午饭没有东西可吃时，这是一个事实，而且在该情形中这是一个令人气恼的事实。不存在虚无。总是有某种情况存在，总是有关于某物的某个东西是真的。没有什么东西也没有谁能够摆脱事实。即便是全能的上帝也无法摆脱事实，因为总是至少还存在着一个事实，即他/她/它是上帝，而不是无。相反，一个没有物的世界则很容易设想。我的梦里不存在在时空中有广延的对象，而只有被梦到的对象（这也是"对象"〔Gegenstände〕与"物"〔Dingen〕之间的关键区别：后者的本性总是具体的、物质性的，而前者则不一定）。梦中的对象尽管与时空中的事物有相似之处，然而它们终究不是时空中的事物，除非我们能在梦中脱离自己的身体并周游宇宙——我个人认为这基本是不可能的。

现在我们已经知道，世界是一种总体关联。我们还知道，世界不止是一切对象或物的总和，还是一切事实的总和。维特根斯坦的分析在此戛然而止，因为他认为，存在一个一切事实的总和，这便是对世界的定义。

但现在我们已经比维特根斯坦更进一步了，因为我们已然知晓，除了物、对象与事实外，还存在对象域。因此我们现在已经可以确定：**世界**（WELT）是一个包含了一切域的总域，即一个包含了一切对象域的对象域（它不同于宇宙，因为宇宙只包含自然科学的对象域）。除此之外，我们还知道存在着许多其他对象域，它们部分地相互排斥，但也部分地以各不相同的方式相互包含。艺术史的对象域便排斥了在实验室中将文艺复兴时期的艺术作品通过化学方式先溶解再重新组合的行为，因为这会毁掉艺术史的对象。自然数的对象域则包含了偶数的对象域。而民主性的地方政策的对象域便排除了只允许一个党派参与竞选，也就是排除了一党制，不过与此同时它也包含了其他一些对象域，例如本地居民的保龄球俱乐部。

因此各个事实不是完全相同的，相反，它们在对象域中的基础是不同的。而接下来我们将会认识到，这甚至是必然的。我们的思考进行到这一步已经可以得出如下结论了：至少显而易见的是，存在不止一个对象域。事实的基础因此具备许多不同的结构，它可以被划分为不同的区域（Regionen），亦即划分为许多存在论层面上的局部空间。

对此人们可能又会提出反对意见：对象域是否真的是具备事实基础的存在论层面上的局部空间？它是否的确是相互区别的有关于

51

实在的域？事实的基础真的是一种像缀满补丁的地毯一样的东西吗？然而情况看上去似乎相反，前述这些对象域似乎实际上只属于言谈的领域（Redebereiche）。我们只是在谈论客厅与基本粒子、咖啡渍与地方政策、长颈鹿与月球。我们又从何得知实在或者现实本身亦能被划分为上述的这些域呢？难道我们将世界划分为不同对象域的行为，真的不只是一种"谈论方式"（façon de parler）吗？

这种质疑或许会援引下述观点：许多对象，甚至也许是所有对象，都是由其他对象所组成。我的身体由不同器官与四肢组成，我的书有许多页，我的灶台有许多台面，山脉上常常积着雪，而这些山脉通常由几座山组成，沙漠由无数沙粒组成。这些对象总是可以被重组，而它们互相之间的分界线常常并不分明。如果我们将一座山脉从中间"锯开"形成一个新的山谷，由此将山脉切断，那么我们现在有两座山脉还是仍然只有一座（中间断开的）山脉？

或者假设我们来到一位艺术家的工作坊，看到一个上面似乎放有瓶子的桌子。因为口渴，我们走近桌子，想要拿起瓶子。由此我们发现，这个桌子与瓶子不过是铁板一块，艺术家在它上面进行加工与上色以至于这件作品看上去就像立着一个瓶子的木质桌子。在科学领域中也不乏此类例子：我们一开始发现，水是由分子组成的，分子又是由原子组成的，而原子又是由核子组成的。许多被认为是实在的对象域都被证明不过是假象，不过是人类-过于人类的（menschlich-allzumenschlich）幻想的投射。我们有什么权利假定现实本身是由不同对象域所组成的呢？难道我们所做出的区分，不都是人类认知需求与错误的表现？或许根本不存在众多对象域，而只存在一个单一的事实的总和。

上述思路中包含了许多不显眼的小错误，尽管它们也确实表达出了一些真理。让我们首先从这一观察开始，即我们实际上必须做好准备，在某些条件下将对象域从我们的世界图景中铲除出去，这种行为被我称作**存在论还原**（ONTOLOGISCHE REDUKTION）。当我们发现，一个表面上是对象域的东西只是言谈的产物，一种表面上客观性的话语——简言之——只是无稽之谈时，我们所做的便是存在论还原。在这个意义上，人们在早期近代的"女巫诏书"（Hexenbulle）①以及相关的涉及女巫的文本中所读到的所有东西都是无稽之谈；这些言谈在当时至多也只是一种试图运用少许理性来处理有关女巫的胡话的尝试。因此我们也只有通过对这类文本产生时的历史与心理因素进行调查，才能恰当地评价它们。它们仅仅是历史记录而非记载有关女巫的知识的记录。谁若认为自己能从这些记录中获悉有关女巫的知识，便犯了大错，他或许反倒是能在《糖果屋》（*Hänsel und Gretel*）中找到更多他想要的。这也同样适用于动植物世界中的划分。生物学告诉我们鲸不是鱼，草莓不是浆果，而属于假果。许多我们所发现的关于"世界"的知识都将我们带向了存在论还原，因为我们人类对某些事物的认识长久以来都是极端错误的。

近代以来，这已经在过去五百年里令我们相信，科学家确实能 54 发现实情究竟如何。现在我们明白了存在论还原这个概念的意思，因为我们已经知道，许多对象域不过只是空泛的言谈的产物，是纯然的无稽之谈。"还原"（Reduktion）的字面意思可转译为"回溯"（Zurückführung）。当人们进行一次存在论还原时，人们把一个对象域回溯为一个言谈的产物，并指出这一由人所强加的方式并非

① 公元1484年由教皇英诺森八世（Papst Innozenz VIII）颁布的惩罚女巫的确认文件。——译者注

客观，而只是通过某些历史性的、社会经济性的、心理性的偶然因素而被规定如斯。因此我们需要为许多对象域设立一个错论。**错论**（IRRTUMSTHEORIE）指出了某个言谈的领域是一种系统性的错误，并且将这种错误回溯到一系列错误的假设上。

实质性的科学认识，无论是自然科学、人文科学还是社会科学，是人们进行存在论还原的前提。一部具有划时代意义的俾斯麦传记能够改变我们对政治的对象域的认识，这与某人证明了不仅地球绕着太阳转，整个太阳系又绕着别的某个东西转是一样的。

建构主义

55　　这一切都表明，我们无法在存在论层面上将所有不同的对象域统统都还原为一个对象域。为了能科学地对哪怕一个对象域进行存在论还原，我们必定先已使用了某种科学方法。这种方法不同于其他，而这样人们便已预设了不止存在一个对象域。企图将所有对象域都还原为一个，这纯粹是一种野心过大的冒险，它完全没有顾及现实的复杂性或者人类认识形式的复杂性。将所有对象域都通过存在论还原的方式还原为一个对象域，这充其量表现出的是一种非科学的惰性态度。

人类对于许多事物的认识的确是错误的。我们无法知道自己有多无知，因为通常我们觉察不到自己所不知道的东西。然而这并不意味着，一切对象域都只是人类幻想的投射，只是从实用角度对通常情况下独立于人类认识的同质的现实所做的人为划分。谁若试图论证这一点，他多半就会陷入悖论，即对同质的现实（我们人类以不同的方式对其进行划分）的假定本身同样只是另一种人为划分。

这一点同样隐含在尼采的一段著名论述里：

> 不对，恰恰没有事实，而只有诠释。我们不能确定任何"自在的"事实：有此类意愿，也许是一种胡闹吧。你们说"一切都是主观的"：但这已经是解释了，"主体"不是任何给定的东西，而是某种虚构的东西、隐蔽的东西。[①]

这段引文中所包含的大部分内容是错误的。尼采的这一表述，在当今的科学领域中有许多著名的代言人。让我们把这种我在引论中已经界定过的思想命名为"建构主义"。**建构主义**（KONSTRUKTIVISMUS）意指"我们不能确定任何'自在的'事实"，所有的事实自身都是被建构的。

如果终究要为这一观点进行某种辩护的话，那么其思路是，科学认识事实上或多或少是我们有意识地借助我们的装置、媒介与理论产生出来的：我们进行实验，借助数学公式与等式表述结论，解剖青蛙，用粒子加速器观察亚原子粒子，做调查研究，在博士论文中比较歌德与席勒，或者书写从俾斯麦到魏玛共和国晚期的社会立法史。

在上述所有例子中我们都分别运用了某种对方法的拣选，并从某些特定的预设出发。我们可以将这种对一系列前提、媒介、方法与材料所进行的拣选称作**登记**（REGISTRATUR）。每一次科学研究都以对登记的使用为前提，借由登记我们才能产生科学知识。

56

---

① 弗里德里希·尼采：《遗稿残篇1885—1887》，载《15卷本考订研究版尼采全集》第12卷，7[60]条，第315页。（中译参见尼采：《权力意志》上卷，孙周兴译，商务印书馆，2007年，第362页。——译者注）

而且事实上在被人类出于某些目的而建构起来之前，许多登记是
不存在的。就比方说显微镜吧，通过它我们才观察到鼠疫的致病
源"鼠疫杆菌"（Yersinia pestis）。制造显微镜所必需的技术与科学
技巧（know-how）是巨量的，而随后的观察过程也并非是在没有
人类认识介入的情形下展开的。我们以这种方式所观察的世界域
（Weltbereich）也可以用不同的方式来观察，例如用肉眼，我们还可
以去嗅显微镜，或者创作一首关于其中含有细菌的液体的诗，然而
这些方法所得出的结果都是不尽相同的。而建构主义者便由此错误
地断定，我们所观察到的东西，即事实，同样是被建构的。因为这
些东西可以以不同的方式得到描述，且我们把其中许多描述都视为
真的，他们便假定我们所"认识到"的不是自在的事实，而只是经
由我们的登记中介后向我们显现为如此这般的事实。然而我们能以
许多不同的方式对某物进行登记，仅凭这一点并不能推出，该物是
由我们所创造的。

这一观点在诠释性的人文科学中尤为常见，这类学科通常与文
化作品，从而也就是人类的、社会性的、历史性的方式产生的建构
打交道。例如对荷尔德林诗歌的诠释可以从不同方面入手（结构主
义式的、精神分析式的或者诠释学式的）。然而建构主义还远不止作
为对文化作品之诠释的诠释而广为流传，当我们指责自然科学仅仅
专注于描述一个世界的模型而不打算去认识如其所是的世界时，我
们也可以发现它的身影。这一指责并非只是不恰当的谦逊，而是一
个我们能够轻易发现并改正的彻头彻尾的错误。

假设我们正坐在火车上看乘客登上火车。在该场景中，乘客登
上了一列火车是一个事实。只要我们未受视觉性幻觉的影响（尽管
这是可能的但也只是一个例外），我们的登记（我们的眼睛）都为

我们提供了一个关于事实的准确图像。我们如此认识到的事实是自在的事实，在这一语境中便意味着：即便没有人在一旁观看，乘客也登上了火车。同样地，即使没有一位日耳曼文学学者阅读过歌德《浮士德》中的相应段落，浮士德也爱上了格雷琴（Gretchen）。无论是否在比较文学的基础课程中被提及，普鲁斯特的《追忆似水年华》中名为阿尔博蒂·西莫奈（Albertine Simonet）的角色都是与莫奈的印象派有关的复杂的文学产物（Si-Monet）。这也同样适用于普鲁斯特虚构出的名为埃尔斯蒂尔（Elstir）的画家，他在小说中拿埃尔斯蒂尔与莫奈进行了比较。即使人类忘记了存在过莫奈这个人，下述说法依然为真，即莫奈和普鲁斯特居住在同一个巴黎，而埃尔斯蒂尔则只存在于普鲁斯特和我们的想象里。我们可以问自己，古斯塔夫·冯·艾辛巴赫（Gustav von Aschenbach）在托马斯·曼的《魂断威尼斯》（*Der Tod in Venedig*）中幻想出了哪些人物与事件，但这并不意味着，"古斯塔夫·冯·艾辛巴赫所感知到的一切都只是幻觉，而他实际上正坐在自己位于汉堡市的家中，吸食了过多的人工致幻剂"，便是对这篇短篇小说的正确解读。 59

　　即使在小说、短篇与电影这类通常被人们称为"虚构"的作品中，事实与虚构也是并存的。即使是小说中的角色也能想象出实情。即使是通常被视作不可逾越的"虚构世界"与"现实世界"间的界限也在许多艺术作品中——如《办公室》（*The Office*）、《公园与游憩》（*Parks and Recreation*）这类仿纪录片——被精巧地颠覆。《盗梦空间》这样的电影同样也破坏了"虚构"与"现实"之间的区分。《盗梦空间》讲述了这样一种技术，这种技术能把我们移置到我们将其视为实在的梦的世界中，并且以这种方式来与这样的惯常看法互动，即电影乃是视觉化与活化了的梦的世界。

　　若我们的确能认识到什么，我们所认识到的，是事实。这些事实经常是自在的事实，即没有我们依然能存在的事实。现如今建构主义的一种广为流传的版本，是以脑科学研究为基础的。人们时不时会听到或读到，我们所感知到的斑斓的四维的现实，只是我们大脑的构造或建构。实际上存在的只有物理粒子或某种"荒诞不经的"进程，例如在多维空间中颤动的弦，或者在脑洞没那么大的版本里则是亚原子粒子，这些粒子由于一定的规律而仿佛凝结成无色的、能反弹开光子的固体。通过与我们神经末梢的联系，产生出一些刺激，我们的大脑随后会无意识地将这些刺激与一种交互性的视频游戏（Videospiel）（它是我们集体幻想出来的）联结起来。如此这般的"景象"是充满魅力的，因为它赋予我们的人生一种好莱坞科幻片式的光辉，而使其不再囿于在疯狂无意义的星球上思考与劳作的动物的悲伤。脑建构主义或神经建构主义（Der Gehirn- oder Neurokonstruktivismus）是提供给那样一些人的现代或毋宁说后现代童话，这些人总是更愿意生活在类似于大卫·柯南伯格（David Cronenberg）的《录像带谋杀案》（*Videodrome*）这类恐怖电影中而非常常显得平庸的日常生活中。

　　若人们更仔细地审视神经建构主义，不难立刻发现，除了说我们有大脑，以及存在粒子与紧张刺激的思辨物理理论外，它所说的几乎无一为真。若我们通过大脑所观察到的一切事物都与现实无关，因为它们都只是由运动在十一个维度中的颤动着的弦所组成，那么，这一点同样也适用于我们的大脑本身。脑建构主义必须根据自己所提出的主张而前后一致地认为，我们并没有大脑。但由此推论出的是，"我们斑斓的四维的周围世界只是身体内部的大脑模拟信号"，这一主张本身也完全只是一个没有大脑的模拟信号罢了。当我们完全接受神经建构主义的主张时，我们便不必再惊慌了：因为它本身根本不存在，它只是一个理论模拟（Theoriesimulation），而非可能为真的命题集合（更别说是真正的命题集合了！）。

一切建构主义都共享的基本错误在于，它们没有认识到，我们能够认识到自在的事实。当我邻座的女士认识到乘客正在上车时，我和她所认识到的东西是完全一致的。对该事实而言，是我还是我的邻座认识到它并不特别重要。

如您所见，人们顶多只能说认识过程（Erkenntnis*vorgang*）是一种建构：若我和我的邻座没有大脑或者感觉器官，那么我们便都没有能力认识到乘客正在上车这一事实。但即使人们认为认识过程是一种建构，并且这一认识过程由某些建构主义者以某种方式进行了恰当的重构（顺便提一下，对此我表示怀疑），这也不能证明，不存在事实。

认识过程的条件在绝大多数情况下与被认识之物的条件不同。我从窗子里向外看且我的眼睛没有完全闭上，是我看到乘客正在上车的条件。与此相对，火车完全停下且车门打开则是乘客得以上车的条件。乘客登上火车不是因为我看到他们登上火车，而是相反，我之所以能看到这些，是因为乘客登上了火车。所以他们登上的也不是我的意识或大脑，而是火车。

建构主义常常诉诸这样一点：对需要诠释的东西进行诠释的活动（一幅宇宙图像、一个文学文本、一首钢琴奏鸣曲），远比登上火车这类日常生活场景复杂得多。但后者也并非如其向我们所显示的那样简单。地球上没有其他动物有能力认识到乘客登上了火车，因为其他动物并不拥有火车或者乘客的概念。我的狗现在正在火车上，当它看到我开门登上火车时或许会高兴地摇尾巴，但它并没有将此感知为登上火车。或许它意识到，我将很快到它身边，我在朝它挥手，但它无法意识到火车开进了车站（即使它能够觉察到有一种运动过程停止了）。

此外，我们是否或在何种程度上能够认识到事实，对是否存在事实没有直接影响。诚然，事实的概念与认识的概念间有千万种联系。但对这些联系的分析并不能让我们得出结论说，不存在事实，只存在诠释，因为该结论完全是错误的，而得出这个结论的分析本身的一些环节必定是有缺陷的。[1]

哲学家与物理学家

世界本身被划分为许多不同的域。有人觉得只是我们人为割裂了世界，但世界本身并非如此。但这就像是在说，图书馆中并不存在许多书，而只有唯一的一个文本。现在问题来了——通常我们是依据经验与科学对此做出回答——世界是由哪些域组成的呢？这个问题的答案正是我们始终在找寻的，即使我们有时会犯错，但通常都还是正确的。

现在我们已经做好足够准备来回答如下问题了：世界究竟是什么？世界既非物的总和亦非事实的总和，而是包含了一切存在着

---

[1] 的确，我们并非总是在认识的同时也认识到帮助我们认识的登记。当我认识到乘客登上火车时，我只看到乘客而没有看到我的眼睛、大脑或者思维。但是我同样可以通过镜子观看我的眼睛来补上我关于登记的认识。是否存在一种能够同时认识登记自身与其他事物的登记，这是一个十分难以回答的问题。或许我们的思维、我们的理性拥有这种能力，但此处不便对此做过多展开。若有读者对这一难题感兴趣，可以看看我的著作《关于世界的认识：认识论导论》(*Die Erkenntnis der Welt. Eine Einführung in die Erkenntnistheorie*)（弗莱堡/慕尼黑，2012年）。在包括这本书在内的我的著作里，我试图表明，不存在能同时认识其他事物与自己本身的登记。

的域的总域。一切存在着的域都属于世界。世界，正如马丁·海德格尔所恰当指出的，是"包含了一切域的总域"（der Bereich aller Bereiche）[1]。

如我将在下一章中所指出的，哲学史中关于世界这一概念的讨论并未终结于海德格尔，因为他至多也只是暗示了从他的世界概念中可以推论出的东西，以及人们能够如何论证这一点。因为我们关注的是关于世界以及为何世界不存在的知识，因此海德格尔真正的意图是什么对我们而言并不重要。然而我们还是要感谢他为我们提供了世界是包含一切域的总域这一洞见（并与他友好地挥手告别）。

在一次但愿也能被理解为挑衅（而不仅是对无知的尴尬展示）的讲话中，其作为知识分子的水平远被世人所高估的英国物理学家斯蒂芬·W. 霍金不久前曾如此说道：

> 生活在这一时而善良时而残忍的巨大世界中，凝望头顶无边无际的天穹，人们总是提出许许多多的问题：我们如何理解我们生活于其中的这个世界？宇宙是如何运行的？现实的本质是什么？这一切都来自何处？宇宙是否需要一个创造者？我们中的大多数人并不将我们的大部分时间投入这些问题中，但几乎我们所有人都时不时曾考虑过这些问题。这些问题传统上是属于哲学的，但哲学已死。哲学并没有跟上自然科学的较新发展，尤其是物理学。如今凭借其各种发现而推进着知识探索的人乃是自然科学家。[2]

[1] 马丁·海德格尔：《无蔽（赫拉克利特残篇16）》（Aletheia [Heraklit Fragment 16]），载《演讲与论文集》（Vorträge und Aufsätze），斯图加特，2004年，第270页。
[2] 斯蒂芬·W. 霍金、列纳德·蒙洛迪诺（Leonard Mlodinow）：《大设计：宇宙新论》（Der große Entwurf: Eine neue Erklärung des Universums），德语翻译海纳·科伯，汉堡，2010年，第11页。

霍金将世界——我们所属的这个整体（Ganze）、总和（Gesamtheit）或总体（Totalität）——等同于宇宙。哲学早已（最晚至少自柏拉图与亚里士多德以降）将作为物理学对象域的宇宙，与我们现代人所谓的"世界"区分开了。我们已经知道，宇宙只是一个存在论层面上的局部空间，而霍金并未注意到这一点，因为对他（作为一名物理学家）而言一切都变成物理了。

人们的确可以指责哲学尚未对"世界"这一概念进行充分的发展。但这是因为哲学长久以来仿佛都战战兢兢地活在现代自然科学的威严下。相比其他同时代的哲学家，这一点特别显见于尤尔根·哈贝马斯。哈贝马斯略带修正地继承了康德的世界概念。简要地说，康德，以及哈贝马斯，认为世界是一个"调节性的理念"。这意味着我们预设了一个世界整体，而一切我们所经验和认识到的东西都必须被视作整体世界中的某些部分。这样我们就确保了我们能够拥有一个融贯、不矛盾的世界图像，因为在该情形中，世界本身成了一个我们能够对其部分加以表象的统一体。此间，世界本身并不作为一个部分而出现在世界中，它仅仅是一个我们为了能够理解各个部分而预设的理念。哈贝马斯明确将此称作一个"形式上的世界假设"（formale Weltunterstellung）[1]，并将其与我们认识世界的最终总是呈现为交往性的实践活动联系在一起：

> 对现实——作为一个介于不同语言的"世界视角"之间的"中间区域"——的一种共同观解，对有意义的交谈而言是一个必要的前提。对交谈双方而言，现实这一概念是与"一切可认

---

[1] 尤尔根·哈贝马斯：《真理与辩护：哲学论文》（*Wahrheit und Rechtfertigung. Philosophische Aufsätze*），美因河畔法兰克福，1999年，第24、37、46、47页。

识之物的总和"的调节性理念联系在一起的。[1]

此外，哈贝马斯在另一处曾谈到过的"对象的总体"[2]，我们也已经知道是一个错误的世界概念。哈贝马斯十分可惜地满足于仅为哲学留下一个属于语言或话语分析的狭小空间，而将余下关于现实的知识都托付给自然科学与社会科学去研究。他将自己的这一立场描述为"弱自然主义"（schwachen Naturalismus）[3]。然而他没能证成自己的世界概念，因为对他来说，重要的是保卫社会中的一个不可全然自然化的域，用来作为哲学分析的空间。然而我们已经看到，认为世界是"对象的总体"或"物的总和"的论题是错误的。若世界果真只是对象的总体，此外无他，那么事实便不再存在了。

哈贝马斯使用的另一个定义，即"一切可认识之物的总和"，也没有带来更大的启发。因为并非所有事实都是可认识的，至少对人类来说是如此，例如某个黑洞的内部情形。黑洞的周边环境的条件无法让我们认识到在其中到底发生了什么（如果其中确有某些事发生的话）。但这并不意味着在黑洞内不存在事实，而是黑洞内的事实无法以我们能理解的方式被认识。

另一个例子是逃遁性对象，即那些当我们观察它时便倏忽消失的对象。[4]可能的例子有，在月亮的背面藏着一个由我们不知道的物质构成的粉红色大象。每当我们成功观测到月球背面时，大象便光

66

① 尤尔根·哈贝马斯：《真理与辩护：哲学论文》，第73页。
② 同上，第24页。
③ 同上，第13页及其他更多地方。
④ 蒂莫西·威廉森（Timothy Williamson）：《穿越语言学转向》（*Past the Linguistic Turn*），载布赖恩·莱特（Brian Leiter）编：《哲学的未来》（*The Future for Philosophy*），牛津，2004年，第106—128页。

速逃离到另一个地方或装扮成月亮上的火山口以躲避我们的视线。在对海森堡（Heisenberg）著名的"不确定性原理"的一些诠释中，粒子的一些属性就被视为逃遁性对象。因为我们对粒子进行测量时也改变了粒子的属性，这样我们就无法同时精确地测量其他属性。归根结底，每一次观察（包括我们用感觉器官的观察）和测量过程本身都是对物理环境的物理介入。

67　　出于上述浅尝辄止尚需深入探究的诸种原因，哈贝马斯的世界概念可被证明为是错误的。霍金低估了哲学，因为他对哲学所涉及的方方面面并没有恰当的理解。哈贝马斯则太过谦虚与小心，因为他不想草率地提出针对科学研究结果的反对意见。哈贝马斯因此高估了自然科学，也对自然科学有所苛求。即使对科学、理性与启蒙的坚持是值得推广的，也不应毫无根据地轻视哲学性的科学。哲学同样也像其他科学那样时而进步时而退步。哲学的一大进步在于它改进了世界概念，这是哈贝马斯未能充分考虑到的，更是霍金闻所未闻的。[①]

　　让我们总结一下我们在第一章中取得的五个最重要的结论：

　　1.宇宙是物理学的对象域。

　　2.存在许多的对象域。

　　3.宇宙只是众多对象域中的一个对象域（尽管是非常大的一个），因此也只是存在论层面上的一个局部空间。

---

① 对哲学与科学间的棘手关系的最新讨论情况感兴趣的人，应该研读伟大的美国哲学家希拉里·普特南（Hilary Putnam）的作品。他的新书《科学时代中的哲学：物理学、数学以及怀疑论》（*Philosophy in an Age of Science. Physics, Mathematics, and Skepticism*）（马萨诸塞州的剑桥/伦敦，2012年）为该讨论提供了极为出色与通俗的概述。

4.许多对象域也是言谈的产物。一些对象域甚至完全只是言谈的产物。

5.世界既非对象或物的总和，亦非事实的总和。世界是包含了一切域的总域。

第二章 什么是存在?

我们已经看到,存在许许多多不同的物与对象域:猫鼬、地方
选举、宇宙以及客厅。此外我们还知道了,物、对象域和事实分别
都是什么。而在本章中,我们所要关注的重点则是意义场。我将证
明**意义场**(SINNFELDER)是存在论层面上的基本单位——一切都显
现在它之中。我对"什么是存在"这一问题的预先回答是:存在意
指一物显现在某一意义场中的状态。

该观点同样也可以用十分形象的方式来理解。让我们想象一头
草地上的犀牛。这只犀牛存在着。它站在草地上。这一状态,即
"犀牛在草地上站着",或曰"它属于草地这一意义场",正是犀牛
的存在(Existenz)。存在因此指的不只是一般地出现在世界中,而
是出现在世界的一个域中。在本章中您将会了解,为何这些域是意
义场而意义场又是什么。

让我们再次回到**存在论**(ONTOLOGIE)这个话题上来。我将
"存在论"理解为一种对"存在是什么"以及"存在"(Existenz)这
一表述意思为何的系统性的回答。我把形而上学与存在论区分开来。
我将**形而上学**(METAPHYSIK)理解为一种对"世界是什么"以及
"世界"这一表述意思为何的系统性的回答。形而上学预设了世界的
存在。

首先从我们的存在论开始。当我说,回答必须是"系统性的"

时，我的意思是，当我们思考时，我们所建立与证明的命题和思路能互相关联并一道构成一个思想体系，或曰理论。不同于其他科学，存在论的研究材料是能够被加以分析的概念。分析是否成功取决于多种因素，其中最重要的是，必须要使存在论与我们的经验现实保持关联。当我们遇到一个与我们的经验不相符的论断时，我们必然出了错，因为我们所想要解释的是"某物存在"意味着什么。当我们的解释排除了某些显然存在着的东西时，我们必须思考是哪里出了问题。一些存在论的研究者主张，根本不存在运动的东西，或者时间的流逝只是一个幻觉。其他一些人认为，过去与未来都不存在，只存在现在（他们认为即使说现在存在也仍不够准确）。还有些人认为，在我们的世界之外还存在着无数可能世界，只不过我们与这些可能世界无法产生物理联系。所有这些稀奇古怪的观点都来源于 70 错误的存在论。若一个人在提出自己的存在论时真心认为没有时间的流逝，这显然有问题。我确信当我在写作这段文字时有许多东西都动了：我的手指、光标、我的鼠标、我的眼睛、我大脑的一部分、我的肌肉、我的心脏，还有我坐的这辆火车。研究存在论时的第一步我们要走得很小心，不要冒险尝试太大的跳跃。

所以让我们从一个非常简单的观察开始！与我们有关的一切对象，都有某些属性。我的狗有四条腿（幸好！），白色、棕色、灰色相间的毛，名叫"哈瓦那"（说来话长），个头比我小，喜欢吃酸奶，有特定的基因组。与此不同，狮子里奥（如果它真的存在的话）则生活在南非，有威风凛凛的鬃毛，能一口吞下我的狗，有一组不同的基因组，能成功地捕捉到羚羊，且从没有人为它洗澡（您可以试试看！）。除了哈瓦那与里奥外，还有许多有着完全不同属性的对象：

黑洞、大卫·林奇的电影（David-Lynch-Filme）、初冬时的悲伤思绪、毕达哥拉斯定理。所有这些对象都有某些属性，在物理的、情绪的或逻辑的层面上有别于其他对象。

或者可以反过来说：对象和对象域间的差异也正是它们各自拥有的属性。由于自然数不是生物，自然数的数量比里奥的牙齿数量 71 更多，自然数可以在不同的数学体系中用真命题的形式写下，所以自然数的对象域不同于里奥的对象域。我在初冬时的悲伤思绪也由于它拥有独自的属性而与自然数明显不同。不过我并不是想排除下述情况的存在，即某个小学生因为自然数而在初冬时感到悲伤。

属性令世界中的一些对象有别于世界中的另一些对象。而这立即引发了至少两个哲学问题，这二者构成了我思考的核心部分：

1.一个拥有一切存在着的属性的对象能否存在？
2.是否一切对象都不同于其他一切对象？

我对这两个问题的回答都是否定的。我将会继续从这里推导出世界不存在。因为，首先，世界是一个拥有一切属性的对象；其次，在世界中一切对象都不同于其他一切对象。让我们循序渐进，先从第一个问题开始。

超级对象

对象（GEGENSTAND）是我们能够以可能为真的思维对其进行 72 思考的东西。一种可能为真的思维（Ein wahrheitsfähiger Gedanke）是这样一种思维，它可以成为真的或者假的。① 然而并非一切思维都是如此。例如：

所以呢？

这一思维就不是可能为真的，因为它既不为真亦不为假。而另一种情况则不同：

在卢森堡存在大规模杀伤性武器。

这一思维在某一特定的时刻显然要么是真的要么是假的。我个人目前认为这是假的，然而我也承认，我也可能是错的。然而存在许多并不可能为真的思维，例如：

轰隆隆

或者

瑞典啊瑞典每座山

73   我们意识中的许多思维都是"半成品"。我们经常一开始想的是

---

① "可能为真的"（wahrheitsfähig）以及"可能为真性"（Wahrheitsfähigkeit）是本书作者的常用术语，也是他哲学工作的核心概念，在下文中读者还会经常见到它们。以"可能为真的"为例，该词由"真理"（Wahrheit）与"有能力的/能够"（fähig）组成。当作者说某观点是"可能为真的"时，意指该观点具备成为真理的可能，但正是由于这种能力仍只是一种可能，因此该观点也是可错的。——译者注

这个，但注意力总在第一个思维成为可能为真的思维之前，就转到另一个思维上去了。我们并不总是以完整的、得到良好表述的乃至理论化的方式进行思考。然而注意下述差异是重要的。这一思维：

伦敦现在正在下雨。

是可能为真的。而且我不难检验其真伪，我只需上谷歌搜索一下，或者保险起见，打给我在伦敦的朋友询问他伦敦现在是不是正在下雨。这一思维：

三百万年前宇宙中星系的数量是奇数。

同样是可能为真的，只不过它很难甚或根本无法得到检验。人类可检验的思维的范围小于所有对象的范围。对人类而言可检验的思想可以说是在整体中的一小块明亮的空间，马丁·海德格尔用"林中空地"（Lichtung）①这一著名的隐喻来形容这块空间。我们站在一块林中空地上，这块空地处在一个对我们而言无法纵览的森林甚至是一望无垠的热带雨林中间。

在人类认识之光中所闪现的事物，即便对人类无比重要，在整体中仍渺小得宛如沙粒。因此让我们忽略热带雨林中处于"林中空地"之外的东西，将注意力集中到我们可认识的东西上：当我们认识到关于某个对象的某些东西时，我们所认识到的，是该对象的某些属性。借由这些属性，该对象从其他对象中脱颖而出。这也与

①　原意为树林中的一块空地，在海德格尔哲学中通译"澄明"。——译者注

"存在"（Existenz）这个词的词源有关。因为"存在"一词来源于拉丁语（它还有一段古希腊语的史前史）。动词existere的意思是"出现（entstehen）、露出（heraustreten）"。这个词直译过来就是"站 - 出来"（Heraus-Stehen）、"凸显出来"（Hervorstechen）或"显露出来"（Hervortreten）。存在着的东西浮现出来，通过其属性而从其他对象中突出出来。

当我们认识了一个对象的所有属性时，我们就认识了整个对象。对象不是除了其属性之外的某种特别的东西，因为这也不过是对象的又一个属性而已。我便等同于我所有的属性。即使除此之外我还是我所有的属性的载体，这也不过是我的其中一个属性罢了。

然而一个拥有一切可能的属性的对象——让我们将它称作**超级对象**（SUPERGEGENSTAND）——无法存在，也无法从大量其他对象中脱颖而出。原因很简单：超级对象将其他一切对象都纳入自身中，它包含了一切其他对象。因此它不能从其他对象中凸显或浮现出来。因为一切对象都可以靠有限数量的属性来描述。我的狗有四条腿，有白色、棕色、灰色相间的毛，有特定的身长。然而它不是蝙蝠侠。无法通过属性而有别于其他对象、只能与自身相同一的东西，无法存在。它不再凸显出来。

一元论、二元论、多元论

认为存在超级对象的想法千百年来广为流传。在当代哲学中亦有许多它的支持者，例如美国哲学家特伦斯·E. 霍尔更（Terence E. Horgan），他参考了经典科幻电影《魔点》（*Der Blob*）[①]及该电影1988

[①] 1958年上映的科幻恐怖片，一译《变形怪体》。——译者注

年的翻拍版，将他的超级对象称作"魔物"（Blobjekt）①。他的**魔物论**（BLOBJEKTIVISMUS）提出只存在一个唯一的、无所不包的对象域，且认为这个对象域自身也是一个对象。因为在这一理论模型中，一切属性都被包含进一个唯一的域中。当我们将这一域视作一切属性的载体时，我们也就有了一个超级对象。

在哲学中，我们将属性的载体称作**实体**（SUBSTANZEN）。这里，我们不能将哲学中的实体理解为我们在日常语言中称作"材料"的那种带有具体物质属性的实体。自近代以来，勒内·笛卡尔、格奥尔格·威廉·莱布尼茨以及巴鲁赫·德·斯宾诺莎这三位伟大的形而上学家便开始争论，究竟存在多少个实体。参与竞争的主要是以下三种一直被激烈争论且都有着自己信徒的观点： 76

1.一元论（斯宾诺莎）：只存在一个唯一的实体，即超级对象。

2.二元论（笛卡尔）：存在两个实体，即思维实体（substantia cogitans）与有广延的、物质性的实体（substantia extensa）。二元论者认为人类的精神与身体是完全不同的。与此同时，有些人认为，思维实体可以独立于物质性实体而存在，而其他一些人则认为不存在不朽的思维性灵魂，只有虽种类不同但相互关联的实体存在。

3.多元论（莱布尼茨）：存在许多实体。准确地说，甚至自莱布尼茨以降，多元论主张存在无限多的实体。莱布尼茨将这些实体称作"单子"（Monaden）。单子是这样一种对象，它全然独立于其他实体，具有最高程度的独立性，拥有特定的、数量有限的属性。

---

① 参见特伦斯·霍尔更、马特亚齐·波特齐（Matjaž Potrč）：《魔物论与间接符合》（"Blobjectivism and Indirect Correspondence"），载《哲学行动》（*Facta Philosophica*）2000年第2期，第249—270页。

我本人的立场是一种多元论的形式，而且我认为，无论是一元论还是二元论都可被证明是错误的。我们可以用"世界不存在"这个理由来反驳一元论，前者最迟会在下一章中得到详述。对二元论的反驳则容易许多，因为即使只从表面上看，它就已经足够荒谬了。当人们假定只存在两个实体时，人们如何知道不是存在着更多的实体呢？为什么是2而不是22个实体呢？

"究竟存在多少个实体"这一问题远比它第一眼看上去的那样更加有趣。现在让我们更加仔细地来看看这个问题！存在手提包与鳄鱼这样单个的对象。而这些对象又是由另外一些对象组成，例如钱包有时是由鳄鱼皮组成的，而鳄鱼有时（尽管极其罕见）也是部分地由钱包组成的（当鳄鱼刚好吞下了一位身上带有手提包的女士时）。许多单独的对象都由其他单独的对象组成。逻辑学中甚至有处理部分与整体间的形式关系的专门分支：**分体论**（MEREOLOGIE）（这个词来源于希腊语词汇"to meros"，它的意思是"部分"）。

手提包与鳄鱼因很少占据同一个空间而有别于彼此。因为它们相互分离，它们分别与不同的单个对象相关联。这个道理同样也适用于我的左右手。尽管我的左手和我的右手相互联系在一起，它们却是我身体的一个部分。这样，在前一个例子里我们有两个空间上分离的单独的对象（手提包与鳄鱼）；在后一个例子里尽管我们同样也有两个空间上分离的单独的对象（我的左右手），但不同的是，我的左右手因为都属于一个整体而被联系在一起，二者都是这个整体的一个部分。同时还有第三种情况。让我们以无绳电话为例。当我们购买了一台无绳电话，我们会得到一台座机，以及与座机相分离的部分，也就是听筒。在该情形中，我们便有了无需空间上的联系却依然能组成一个单独对象（无绳电话）的两个单独的对象（座机和听筒）。这与美国国土的情况是一样的：阿拉斯加或夏威夷没有与其他联邦州在空间上连在一起。这个道理当然还适用于黑尔戈兰岛（Helgoland）与巴伐利亚州：二者都属于德国，但在空间上却没有联系，且巴伐利亚州相比于黑尔戈兰岛而言在空间上更加紧密地与德国的其余部分联系在一起。夏威夷与黑尔戈兰岛都是可以独立存在的对象。我们可以抛开二者所属的国家来看待它们，然而对于我的左手而言却只能在特定条件下这样去看待，因为它作为左手属于一个整体，亦即属于我的身体。座机和听筒在分体论层面上的关系也远比夏威夷与黑尔戈兰岛间的关系更紧密。

座机与听筒构成了**分体论总和**（MEREOLOGISCHE SUMME），这个总和形成了一个完整而又不同的单独的对象——无绳电话。因此下列等式在分体论层面上是为真的：座机+听筒=无绳电话。然而这并不适用于我用左手拿着听筒的情况。"左手+听筒"得到的分体论总和，无法构成诸如"左手听筒"这样真正的单独的对象。不存在左手听筒，无绳电话却地道地存在着。

并不是所有我们以某种方式相互连接起来的对象都能构成一个新的更加复杂的对象。因此出现了这样的问题，在何种情况下我们能够有客观理由去构成一个复杂对象呢？只抽象地来看，人们或许会说，每一个任意的对象都能与另一个任意的对象构成一个整体。就拿我的鼻子和我的左耳来说吧，真的存在一个分体论总和，也就是由我的鼻子和左耳组成的左"耳鼻"吗？显然我们必须区分真正的分体论总和与单纯的集中，或曰对象的堆砌。并非任何对象的堆砌都是一个真正的单独的对象。然而究竟是否有一个标准能够确定，从何时起或在何种条件下某个东西可被看作真正的分体论总和呢？

79

　　当我与您握手时，我们是否就成了一个人呢？显然不是的，即使我们确实构成了一个空间上的统一体。但不同人之间的统一体所要求的可不单单是空间上的统一。不过对于其他一些对象而言情况则并非如此，例如山与山之间只要空间上足够接近，便能构成一个新的对象：山脉。然而什么样的标准能令我们将真正的分体论总和与对属性、对象的堆砌区分开呢？我认为，这种独立于我们经验的标准并不存在，并没有能够帮助我们将世界分割为不同的真正的分体论总和的标准。我们也经常在对世界进行分类时犯错，例如当我们将鲸当作鱼时。并不存在能够帮助我们编程的算法，借助它我们可以写出一个程序帮助我们检查每个由属性组成的集合，判断是否存在一个它们可以被归入其中的真正的分体论总和。存在许许多多不同的标准，而其中的一些已经在时间进程中被证明是错误的。

　　有了上述背景知识后，让我们再次回到开头的问题上来——是否存在一个超级对象。若果真存在一个超级对象，那么它只能是包含了一切属性的分体论总和——一个多么奇怪的想法！因为人们可以无须借助任何标准而构成包含了**一切**属性的分体论总和。无论我们设定什么标准，任何属性都属于这一总和。一个我们没有应用任何标准而只是将一切属性附加给它的对象将会是十分奇怪的，因为它会是由我的左手、安格拉·默克尔（Angela Merkel）最爱的书籍以及北莱茵－威斯特法伦州南部最贵的咖喱香肠所组成。如果人们打算寻找一个能以真命题的形式断言"它是一切"（我的左手、安格拉·默克尔最爱的书籍、北威州南部最贵的咖喱香肠，以及其他一切）的对象，那么这无论如何都是一个无比古怪的研究计划。

　　因为一个具有一切属性的对象，它本身是没有构成标准可言的。"标准"（Kriterium）一词源于古希腊语中的动词"krinein"，其意思是"区分"，在哲学里也有"判断"之意，其词干还同样隐含在"危机"（Krise）一词中。标准与区别[1]相应，这些区别适用于某一特定对象或对象域。若无标准，则无论有规定或无规定的对象都不存在。因为即使是无规定或相对无规定的对象（例如人们在晚饭时备好的米饭数量），也是有标准可循的，所以它们也必然以某种方式有别于其他对象。

因此，认为只存在一个唯一的实体，即一个包含了一切属性的超级对象，是错误的。一元论不仅是错误的，而且必定是错误的，因为超级对象这个概念本身是矛盾的。二元论虽然是可能为真的，却是完全没有根据的。为什么只能有两个实体，而且还恰恰是笛卡尔所指明的两个实体？

能够支持笛卡尔的二元论的，也只有这样一种非常肤浅的观察，即在思维与思维所涉及的事物之间存在差异。当我心想"下雪了"时，雪不是落在我的思维中，否则人们必须要说，在我的思维中现在是冬天的气候或我的思维中有结冰了的水。那我就可以给我的思维解冻然后喝上一口新鲜的水。这样沙漠之行也会轻松许多，因为人们只需要喝自己脑子里关于冰水的思维就够了。关于雪的思维与雪显然分属于两个不同的对象域。于是笛卡尔就认为把世界分为这两个部分足矣，然而在这一点上他错了。

一元论是错误的，而二元论是毫无根据的。所以通过简单的排除法现在只剩下多元论了，然而我们还需将多元论激进地现代化，因为它自从在巴洛克时期被（莱布尼茨）引入后便再没有真正得到过完善。

---

① 注意这里德文"区分"（unterscheiden）和"区别"（Unterschied）之间的词根联系。——译者注

绝对差异与相对差异

让我们回到上述我提出的第二个问题上来：一切对象是否都不同于其他一切对象？第一眼看上去似乎答案是肯定的。每个对象似乎都与自身相同一且不同于其他对象。我的左手是我的左手（虽然这没有说出多少东西，但该说法是真的），而不是我的右手（这同样也没有说出很多，但它一样也是真的）。

然而这一思路充满了人们容易忽视的错误和陷阱。让我们假设，我们知道存在着某个对象，我们权且将它称作甲。除此之外我们对甲一无所知。现在我们问一位熟悉甲的知情者，甲是否是一个屏幕，他否认了。我们接着问，"甲是一头犀牛吗？""不是。""甲是一个红色罐头吗？""不是。""甲是一个物质性的对象吗？""不是。""甲是一个非物质性的对象吗？""不是。""甲是一个数字吗？""不是。"这就像是在玩"我是谁？"的游戏，在这个游戏里我们每个人的额头上都贴有一张纸条，纸条上有别人写下的某个概念或名人的名字，然后我们来猜自己额头上的纸条写的是什么。

83　　让我们假定这样的情况：我们有充足的时间将一切除了甲之外的对象都罗列出来，并且仅仅从那位知情者那里得知，甲与这些对象都不同。在这一例子中，甲正是通过与其他一切对象间的差异，而获得与自身的同一。然而甲因此也便没有自己的内核了。甲只是得到了否定性的规定，亦即甲不是其他一切对象。我们并不知道任何关于甲的肯定性的规定。所以当我们想知道甲究竟是什么时，除了甲不同于其他一切对象外，我们还必须知道某些关于甲的其他东西。因此甲的身份（Identität）不可能等同于（identisch mit）甲与其他一切对象间的差异。[①]简而言之，甲除了不同于其他一切对象之外，必须还要有某个属于自己的属性。"一个对象是其自身"这一属性不仅极其无趣且对此处我们的讨论毫无助益。

现在假设我们不认识任何对象（除了那位知情者本人），并向那位知情者打探每一个对象都是什么，而我们得到的回答也总是，该对象不是其他一切对象（这些对象我们尚不认识）。这样一来我们便根本无法获得关于无论哪一个对象的任何肯定的信息。

的确，我们对一个对象之身份的认定是它与其他一些对象不同。但这种差异与绝对差异无关。**绝对差异**（ABSOLUTER UNTERSCHIED）是一个对象与其他**一切**对象之间的差异。绝对差异无法提供任何信息，因为通过绝对差异我们只能得知，一个对象不与其他对象而只与自身相同一，但这其中没有包含任何信息量。将不同对象相互区别开来的东西乃是一种能够提供信息的标准。认识某一对象与其他对象间的差异为何，就是要获得关于该对象的信息。因此无法提供信息的差异算不上差异。也正因为如此，我们必须区分**绝对差异**（它没有意义，无法提供信息）与相对差异。**相对差异**（RELATIVER UNTERSCHIED）是一个对象与**其他一些**对象之间的差异。

相对差异是一种通过对照而得出的信息（Kontrastinformation），而这些对照又是在完全不同的细微差异中显露的。可口可乐可以与百事可乐、啤酒、葡萄酒、冰等东西进行对照，但它不能与犀牛进行对照。因此也不会有人对服务员说："请您再给我一瓶可口可乐，如果没有的话请给我一头犀牛也行！"之所以我们此处不会在可口可

84

---

① 注意这里的"身份"（Identität）及"等同于"（identisch mit）都是对之前的"同一的"（identisch）一词的不同译法。——译者注

乐与犀牛间进行纠结，其原因明确而简单，可口可乐并不能与犀牛进行对照。

为了阐明相对差异与绝对差异间的区别，让我们在这里演示一个小戏法。难道犀牛不可以被拿来与世界的其余部分进行对照吗？当我们将注意力集中在犀牛身上时，难道我们不是同时将注意力从世界的其余部分移开了吗？事情并非如此，理由有很多：当我们将注意力集中到犀牛身上时，我们已经将犀牛定位在它的周遭环境中了，例如在动物园或电视节目中。脱离了犀牛所置身于其中的周遭环境，我们无法直接将注意力集中在犀牛身上。法国哲学家雅克·德里达在他广遭误解的著名论断里（当然他也是有意将事情描述地极易引起误解）描述了这一情形："文本之外不存一物。"[①]或用不那么后现代的措辞来说便是：犀牛总是存在于某个环境中。德里达的意思当然不是犀牛实际上是文本，而是犀牛或其他任何东西都不能脱离于语境而存在。

那么我们是否可以将在其周遭环境中的犀牛与世界的其余部分区分开呢？答案同样是否定的，因为这样我们就又需要一个周遭环境的周遭环境了。因为周遭环境也只能在周遭环境中出现。绝对差异总是带来一个过于宏大的对照。一个过于宏大的对照只会令我们无法再认识任何东西。

这不仅是一个关于人类知识之界限的事实，毋宁说这是关于我们所获取的信息本身的事实。世界自身提供信息，例如只存在唯一一个月亮。这一信息不是由人类辨识不同的星体而产生的。太阳、地球、月亮间的差异不是人为的产物，而是在我们的星球上存在着

---

① 雅克·德里达：《论文字学》，美因河畔法兰克福，1983年，第274页。

能够进行认识的生命体和有智慧的生命的条件。

因此不存在绝对差异。一些事物与其他一些事物有所区别，但这并不意味着，一切事物与其他一切事物有所区别。一些事物甚至还与其他一些事物相同一，而这引出了一个著名的哲学之谜：两个不同的对象或事实究竟是如何达到同一的？这必定以某种方式是可能的，因为莱茵河与莱茵河相同一，即使它本身始终在变化。构成如今的莱茵河的物质可以被有序地更换，而莱茵河的河床千百年来并不保持同一。所以这里我们可以首先确定：一些对象总是与其他一些对象相区别。只存在相对的对照项而从不存在绝对的对照项。我们的确时常在对相关的对照项做出规定时犯下错误，但这并不意味着根本不存在任何对照项。恰恰相反，我们之所以经常在对相关对照项做规定时犯错，是因为那些被我们误认的对照项的确存在着。

意义场

我个人对"什么是存在"这一问题的回答是：单个世界（*die*   87
Welt）不存在，只存在无限多的世界，这些世界一些相互重叠，一些完全地相互独立。我们已经知道，世界是一切域的总域，而且说某物存在的意思是指某物出现在世界之中。所以只有当某物出现在一个域中时，它才出现在世界之中，即

存在＝出现在世界之中

但我认为即使这个等式已经指出了正确的方向，我们也还必须对它进行完善。这是我自己的等式

存在＝显现在一个意义场中

　　这 一 等 式 是 意 义 场 存 在 论 的 基 本 原 理。**意 义 场 存 在 论**（SINNFELDONTOLOGIE）主张，只有当存在一个某物显现于其中的意义场时，才存在着某物而非无物存在。**显现**（ERSCHEINUNG）是对"出现"（Vorkommen、Vorkommnis）的更一般的命名。而显现这个概念是中性的。即使虚假的东西也能显现，但说"虚假的东西出现在世界中"则或多或少违反了通常的语用习惯。此外，"出现"这个概念的含义相比之下太过于明确，因此我倾向于使用"显现"这一更加灵活的概念。我们要注意：说虚假的东西显现（因此也便存在着）并不意味着说它是真的。显现/存在并不与真相同。说"认为存在着女巫是错误的"，这一看法本身是正确的，因此女巫显现于"女巫存在于北欧"这一错误的观念里。这当然不是在说北欧真的有女巫。错误的观念确实存在，但它所涉及的那些对象并不出现在错误的观念将其定位于其中的那个场之中。

　　我们现在已经略微知晓显现是什么了。那么意义场又是什么呢？我们已经谈过对象域：地方政策、艺术史、物理学、客厅等。当我们将这些对象看作对象域时，我们倾向于（即使并非必然如此）忽视对象如何显现在对象域中。对象显现的方式常常与其特定的性质有关。能够以许多不同方式向我们显现便属于艺术作品的性质。但这并非核子的性质。我们无法以不同方式诠释核子，在掌握了核子出现于其中的对象域后，人们也只能理解核子自身包含的东西。意义场可以是模糊、多样、相对得到较少规定的，对象域则显然是由许多相互区别而又确切可数的对象组成的。对意义场而言情况未必如此。意义场能包含模棱两可甚至矛盾的显象（Erscheinungen）。

在这一点上，逻辑学家与数学家戈特洛布·弗雷格（Gottlob 89 Frege）可以帮助我们，他还发表过一些极具影响力的哲学文本。因为，对对象域的讨论产生自弗雷格的时代，并在现代逻辑学的发展中扮演了相当重要的角色，尽管现代逻辑学提出了一个完全错误的存在概念。不熟悉现代逻辑学的读者也许会对其观点感到十分震惊，因为现代逻辑学家认为存在总是可计量的——一个极为不恰当且歪曲事实的观点。当我自问"是否存在马"时，我不是问自己"存在**多少匹马**"，而是"**是否存在马**"。我们必须区分"多少"与"是否"这两个疑问词。

现代逻辑学几乎完全将对象域这一概念与数量概念混为一谈。然而并非所有的域都是数学上可计量的或能以数学方式进行描述的对象，例如对艺术作品与复杂的情绪而言，事情便不是如此。并非所有某物显现于其中的域，都是对象域。因此意义场是比对象域更具有普适性的概念。意义场既可以是可计量的对象意义上的对象域，或更精确地说，是能以数学方式进行描述的量的对象域；它也可以由模棱两可的显象组成，而后者既非对象域，亦非数量。

现代逻辑学将存在与可计量性混为一谈（这是一种当人们想对一切进行计量与计算时犯下的典型错误），这一错误发展忽视了弗雷格的一个极富洞见的观点，而后者能进一步帮助到我们。让我们回 90 到同一性（Identität）①的话题上来。弗雷格在其篇幅不长的杰作《论意义与指称》中提出了一个问题：同一性命题如何既能不产生矛盾

---

① Identität一词此前译为"身份"。——译者注

又能为我们提供信息？[1]让我们以这个命题为例：

扮演纽约的赫拉克勒斯的演员与第三十九任加利福尼亚州州长相同一。[2]

通常人们当然不会把这段话的内容说得如此复杂。在一本施瓦辛格的传记里是这么写的：

纽约的赫拉克勒斯后来成了加利福尼亚州的第三十九任州长。

同一性命题的另一个简单点的例子还可以是：

2+2=3+1

说阿诺德·施瓦辛格既是纽约的赫拉克勒斯又是加利福尼亚州的州长，这并不矛盾。两种不同的表述皆可成立。这同样适用于数字4。4既可以被计为2+2，又可以被计为3+1（以及其他无穷多种方式）。

弗雷格将上文中的"2+2"和"3+1"称作"被给予的方式"（Arten des Gegebenseins），并将其等同于"意义"（Sinn）。[3]在一个同一性命题中被等同起来的一些表达，它们的意义是不同的，而它们

---

① 戈特洛布·弗雷格：《论意义与指称》（"Über Sinn und Bedeutung"），载伊格纳西奥·安杰莱利（Ignacio Angelelli）编：《短篇著述》（Kleine Schriften），达姆施塔特，1967年，第143—162页。
② 《纽约的赫拉克勒斯》是1969年施瓦辛格出演的电影名。——译者注
③ 戈特洛布·弗雷格：《论意义与指称》，第144页。

所指涉之物是同一者（亦即上述例子中的施瓦辛格与数字"4"）。在一个为真的、能够提供信息的且不矛盾的同一性命题中我们能够认识到，同一个事物（同一个人、同一个事实）能以不同方式被呈现。不过相比"被给予性"（Gegebenheit），我更倾向于使用"显现"一词。**意义**也就是事物显现的方式。

意义场是一些域，在其中，某些东西、某些特定的对象以某种特定的方式显现。当人们只顾及对象域尤其是量的时候恰恰看不到这一点。两个不同的意义场可以与同一个对象相关联，这同一个对象只是在两个意义场中以不同的方式显现。这里可以举一个详细的例子。

让我们借用一个大家都已十分熟悉的东西：我的左手（您也可以用自己的左手来做下列实验。哲学实验的成本很低，也不需要实验室）。我的左手是一只手，它有五根手指，未被晒黑，有指尖，在手掌上有皱褶。这一对我显现为我的左手的东西，同样也是基本粒子的聚合体，或曰原子团，这些原子又是更小的粒子的团。它还可以对我显现为艺术品，或者借助它我能将午餐送进嘴里的工具。让我再举一个来自弗雷格的例子：树林里有树<u>丛</u>，或径直是五棵属于树林的单个的树。同一个东西在不同的意义场中可以作为一只手、一个原子团、一件艺术品或一个工具而存在。五棵树可以是一个树<u>丛</u>或几棵单个的树（当然也可以是原子团）。

古斯塔夫·冯·艾辛巴赫既是托马斯·曼笔下的人物，又是一个恋童癖者，但他却不是原子团，因为宇宙中并不存在与托马斯·曼所虚构出的这个名为"古斯塔夫·冯·艾辛巴赫"的人物相同的原子团。古斯塔夫·冯·艾辛巴赫存在于威尼斯这一意义场——当然也可能不存在，因为这取决于人们所谈论的是小说还是

92

城市史。

不存在外在于意义场的对象或事实。一切存在着的东西都显现在某一意义场中（准确地说，是显现在无限多的意义场中）。"存在"指的是某物显现在某一意义场中。无限多的东西显现在某一意义场中，无论是否有人曾在某时注意到这一点。我们人类是否体验到这回事，这在存在论层面上是次要的。事物与对象不是仅仅因为它们向我们显现才显现着，也不是仅仅因为它们的存在被我们注意到了它们才存在。大部分东西在我们没有注意到的情况下显现着。这是我们所不应忘记的，若我们不想成为《浮士德》第二部中的那位受魔鬼靡菲斯特的诱骗而落入建构主义陷阱的学士的话。一生将始自93 康德的建构主义及其各类变种视为恼人之物的歌德，借学士之口说出了以下这段话：

> 世界在我创造以前还属空虚！
>
> 是我引太阳从海里升起，
>
> 月亮和我一起旋转盈亏。
>
> 来日方长，前途似锦，
>
> 大地青青，欣欣向荣。
>
> 在最初的那夜，凭我指点，
>
> 满天星斗顿显得光辉灿烂。
>
> 除我而外，谁还有力量
>
> 把你从庸俗而狭隘的思想中解放？
>
> 但是我自由地听从默默心声，
>
> 快活地追随着内在光明，
>
> 突飞猛进，精神抖擞，

光明在前，黑暗在后。[①]

　　我们的星球并非宇宙论或存在论事件的中心，它不过是一个由我们在一定可接受的程度上建立起来的无限小的角落，我们现在正因高估了自己在宇宙中的重要性而在摧毁它。当我们相信，没有我们世界也便不存在之际，我们认为宇宙会在乎是否有人类继续存在。因为无论如何宇宙总有兴趣继续存在下去。然而事实并非如此。无论是宇宙还是时空都并不特别关心像我们一样的生物是否存在于这个美丽的星球上。从整体的角度看来，我们是否存在，我们如何看待自己的存在，都无关紧要。这一观点在科学层面直到今天都真正被低估了，许多哲学家，甚至一些物理学家都认为，宇宙会为我们劳神费心。当我们能够以特别小心的方式来谈论"上帝"这一表达时，我们会把这一情形放在与宗教相关的语境中重新讨论。然而，从宏观和整体角度来看人类是否存在无关紧要，并不意味着对您或我来说同样无关紧要。我们不应混淆世界与属于人的世界，也不应将它们放在错误的层面上讨论。

　　一切存在着的东西都显现在意义场中。**存在**是意义场的属性，这意味着某物在意义场中显现。我认为，存在并非世界或意义场中的对象的属性，而是意义场的属性，即这样一种属性，某物在意义场中显现。然而这不会引出下列问题吗？意义场也是对象，我们用可能为真的思维思考它们。当意义场拥有属性，即某物在意义场中显现时，难道存在不因此又成为属于对象的属性？当意义场在意义场中显现时（否则它们也不会存在），似乎我就自相矛盾了。但因

94

[①]　约翰·沃尔夫冈·歌德：《浮士德》第二部，斯图加特，2001年，第64页。（中译参见歌德：《浮士德》，董问樵译，1983年，复旦大学出版社，第398、399页。——译者注）

为世界根本不存在，所以这一矛盾反倒悖论般地并不会出现。世界不存在，只存在无限多的意义场，它们中的一部分相互重叠，一部分永不产生任何关联。正如彼得·空无注意到的那样，一切最终发生在虚无之中。然而这并不意味没有任何事情发生，而是恰恰相反，它意味着无限多的事情同时发生着。只是我们一般倾向于无视这一点，因为我们无法同时关注无限多的东西。

第三章　为什么世界不存在

让我们首先从第一个宏大认识即意义场存在论的等式开始：

存在 = 显现在一个意义场中

对象要能在某一意义场中显现，它就必须属于这一意义场。水能够属于一个瓶子，一个观念能够属于我的世界观，人能够以公民的身份而属于国家，数字3属于自然数，而分子属于宇宙。某物归属于一个意义场的方式就等同于它所显现的方式。重点在于，某物所显现的方式并不总是一成不变的。并非一切都以相同的方式显现，并非一切都以相同的方式属于某一个意义场。

若上述所言都准确无误，那么现在便是时候抛出这个问题了：世界是否存在？是否有世界？[①]我们早在第一章中就看到，最好将世界理解为包含了一切域的总域。不过此处我们已经能够对这一足以追溯至海德格尔的见解做一番更为精确的描述了：世界是包含一切意义场的意义场，即所有其他意义场在其中显现的意义场，也就是一个包含一切的总域。这可以说是我对世界的最终判断了，因此这 97 句话会被着重强调并记录进书末的术语表中：**世界是包含一切意义**

[①]　此处作者连续使用了 "existieren" 与 "es gibt" 两种不同说法来加强他在追问世界是否存在时的语气，二者在本书作者的语境中意思相同。我们在书名中将后者译为存在，在此处则处理为 "有"。——译者注

场的意义场，是所有其他意义场在其中显现的意义场。

一切存在着的东西都存在于世界之中，因为世界即一切都在其中发生的总域。世界之外一无所有。因此，一切人们原本以为在世界之外的东西，都属于世界。存在总是包含着一份位置信息。存在意味着，某物显现在某一意义场中。因此问题在于：若世界存在，那么它将显现在哪一个意义场中呢？让我们假设世界显现在名为"S1"的意义场中。S1在这一情形中只是众多意义场中的一个，也就是说在它一旁（neben）还存在着S2、S3等。若世界显现在S1（它与其他意义场一道存在着）中，世界便存在。这可能吗？

世界是一切意义场在其中显现的意义场。这就意味着一切其他意义场都作为次级场（Unterfeld）显现在S1中，因为世界显现在S1中，而一切都显现在世界中。

因此S2、S3等意义场就不仅在S1一旁显现，还在S1之中显现，因为世界显现在S1中，而根据定义其他一切又显现在世界中。于是S2存在了两次：一次在世界一旁，一次在世界之中。但S2无法在世界一旁存在，因为在世界一旁一无所有！这个道理同样适用于S3和其他一切意义场。所以世界不可能显现在一个显现在其他意义场一旁的意义场中。否则的话，其他意义场就根本无法存在了。由此我们可以断定：**世界并不出现在世界中**。

此外还存在另一个问题。当世界显现在S1中时，S1自身又显现在哪里？既然世界是一切意义场显现于其中的意义场，那么S1自身显然也必须显现在世界中，但世界复又显现在S1中！真是一个令人头疼的情形（参见图1）。

世界显现在S1中，S1又显现在世界中，前一个世界显然不同于后一个世界。显现着的世界不同于它显现于其中的那个世界。

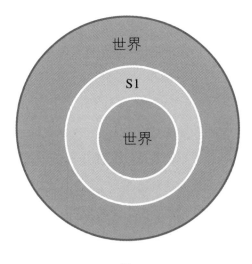

图1

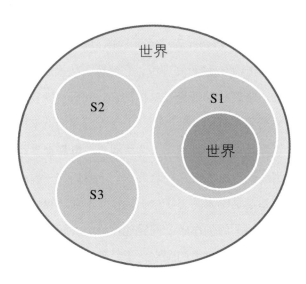

图2

此外一切其他意义场也都显现在世界中，我们可以在图2中看到，它们也出现了两次，即一次在S1中的世界之中，一次在S1一旁。

即使不需要这些形式论证，人们也能轻易理解，为何世界并不出现在世界之中。世界就像我们的视野。我们从未见过视野本身，而总是只看到那些视野中可见的对象：邻居、咖啡馆、月亮或日落。人们至多只能尝试用图像的形式来表现自己的视野：若我有绘画的天赋，能将我的视野——也就是我眼前的一切——原原本本临摹出来，那么我便能看见我的视野的图画了。然而这一图画毫无疑问并非我的视野，而只是在我视野中出现的东西。世界也同样如此：每当我们以为已经抓住了世界时，我们所拥有的只是面前关于世界的一份复件或一幅图像。我们无法把握世界本身，因为不存在包含了世界的意义场。世界并不显现在世界大舞台上，它并未登台并向我们进行自我介绍。

在经典系列电影《人猿星球》（*Planet der Affen*）的第三部《逃离猩球》（*Flucht vom Planet der Affen*）中，奥托·哈斯林博士（Dr. Otto Hasslein）提出了一种时间理论，它解释了猿族从未来回到过去是如何可能的。哈斯林的理论是这样的：时间只有被视为一种"无限回退"时才是可理解的。他借助一个令人信服的例子向一档新闻节目的观众解释他的这一理论——这些观众在电影世界里是来自未来的猿族，当然还有作为电影观众的我们。我们在一幅画中看见一处风景。我们知道是某人画出了这一风景。现在让我们来想象一幅画，这幅画与一幅画的创作者一同显现在画中。而这幅画也是由人画出来的，但绝非出自画中的画家之手。因为他至多只是那幅画中画的作者。所以我们现在可以再次想象一幅画，在画中我们能看到一位画家正在作画，在他所画的画中一位画家正在画最初那幅风景画，以此类推以至无穷——一个无限的回退。

画了一切的画家无法在作画时将自己画进画中。画中的画家不可能与作画的画家完全同一。在电影的这一幕中，以下内容是值得注意的，即我们——观众——的处境与来自未来的猿族是完全一样的。我们与它们看着同一个电视图像。有趣的是，电视屏幕背后的观众还可以看见一面镜子，透过镜子可以看见节目主持人与哈斯林博士，这里至少有三种视角象征性地重合在一起：来自未来的猿族，主持人与哈斯林博士，还有我们。电影——我们的世界——由无限的交叠构成。

许多电影都以此种诡异与惊恐的方式把我们引向真相。文森佐·纳塔利（Vincenzo Natali）执导的电影《心慌方》（*Cube*）便是尤为恐怖的一例。在《心慌方》中，一些人（起初他们被互相隔离）发现自己独自身处于一个立方体房间中。每个房间都有许多扇门，这些门可以被开启并通往另一个立方体房间。一些房间中布满了致命的陷阱。在电影中人们逐渐意识到，在各个房间里发现的数字组合能构成一个运动周期，并最终能帮助他们逃离立方体。然而在立方体外空空如也，一切在最终只显现为一道亮光。

由于这部电影坚决地放弃了对外部世界的呈现，它就可以说明一个对我们而言十分重要的事实：存在着无限多的意义场，它们以无限多的方式相互交叠。然而这无限的交叠发生在虚无当中，也就是说，它们最终发生于无处。只有在某个意义场之内才能给出特定的位置信息，不存在相对于意义场而言的外部。让·保尔（Jean Paul）在出版于1785年的《智者传》（*Biographie eines Bonmotisten*）中，以他特有的尖酸刻薄描绘了这一情形："他总是想写书……他想写一本书，他想在书中证明，尽管万物都存在，但存在本身无处存在。"①

世界并不存在。若世界存在，它就必须显现在一个意义场中，然而这却是不可能的。但这一洞见并不仅仅具有破坏性，它所告诉我们的不仅仅是世界并未如我们所预期的那样存在着。当我们想去理解究竟有哪些东西存在之际，这一洞见同样可以为我们带来丰富的启发。

超级思维

让我们将"世界不存在"这一论题称作**否定存在论的基本定理**（HAUPTSATZ DER NEGATIVEN ONTOLOGIE）。与之相对的是**肯定存在论的第一条基本定理**（ERSTE HAUPTSATZ DER POSITIVEN ONTOLOGIE），即必然存在着无限多的意义场。我们可以再借用一个思想实验来阐明肯定存在论的基本定理。让我们假设只存在唯一一个对象，比方说一个蓝色的立方体。若只存在这一个对象，此外别无他者，则蓝色立方体显现于其中的意义场也不存在。但这样一来，蓝色立方体便不存在了。因为只有当某物显现于其中的意义场存在时，该物才存在。如果只有唯一一个对象存在，一切便都不可能存在了，因为那个据称是完全孤立的对象必须显现在一个意义场中才能存在。一意味着无，或正如艾米·曼（Aimee Mann）在保罗·托马斯·安德森（Paul Thomas Anderson）所执导的电影《木兰花》的原声带中所唱："一是最孤独的数字。"（One is the loneliest number）

---

① 让·保尔：《智者传》，载《历史考订版全集》（*Historisch Kritische Gesamtausgabe*）第2部分第1卷，魏玛，1927年，第448页。

因此至少存在一个对象和一个意义场。然而这样一来至少还存在另外一个意义场。因为根据否定存在论的基本定理，即便仅仅存在唯一一个意义场，必定还有第一个意义场显现于其中的另外一个意义场。因此，至少存在一个对象和两个意义场。

但我们已经知道，"对象"不过是那种我们能用可能为真的思维对其进行思考的东西罢了。因此不仅狭义上的"物"是对象，意义场本身也是对象。因此原先孤立的对象以及两个必须纳入进来的意义场加起来就成了我们思维中的三个对象。由此推知，它们至少在我们的思维这个意义场中存在，而这样我们就又多接纳了一个意义场。

有了这一番推导，我们就可以进一步提出**肯定存在论的第二条基本定理**（ZWEITEN HAUPTSATZ DER POSITIVEN ONTOLOGIE）：每一个意义场都是一个对象。这便可以直接推出，对每一个意义场而言都存在一个它显现于其中的意义场。唯一的例外是世界，它不可能是意义场，因为它无法显现，所以它也不可能是对象。

然而这不就令我们最终陷入一个悖论中了吗？难道我们没有思考过世界吗？当我们思考世界时，它便作为思维的内容而存在。由于我们的思维内容存在于我们的思维中，因此存在着一个世界得以显现于其中的意义场（即我们的思维）。那么世界应该存在呀，难道不是吗？

当世界存在于我们的思维中时，我们的思维便无法出现在世界中。否则就会存在一个处在我们的思维以及"世界"（在思维内容的意义上）之外的世界了。所以我们同样也不能思考世界。如绝妙的美剧《宋飞正传》（*Seinfeld*）（没错，它的名字和意义场［Sinnfeld］的相似性不是巧合）所教给我们的，一切都是"一场关于虚无的表

104

77

演"（show about nothing）。一切存在着的事物，一切显现而出的东西，最终都向我们表明，世界并不存在。因为只有世界不存在，万物才存在。人们无法思考世界。每当人们试图这么做时，人们所把握到的，是无，确切地说，甚至是"少于无"。每一个有关世界的思想都是处在世界之中的思想。我们无法以从上向下俯瞰的方式思考世界，因此我们的的确确无法思考世界。对于作为"整体"的世界的思考，并不是可能为真的，它没有相对应的对象。

　　我希望您能允许我再插入一段小插曲，因为我们现在要来讨论一个有如杂技般的想法。这个杂技般的想法的内容是，我们可以想象一种思维，它同时思考着作为整体的世界和自己本身。这一思维或许能拯救世界，令世界存在。让我们将这一思维称作"超级思维"，它的定义如下：**超级思维**（SUPERGEDANKE）是这样一种思维，它可以同时思考作为整体的世界和自己本身。也就是说，超级思维可以同时思考自身与其他一切。

　　历史上最具天赋的形而上学家格奥尔格·威廉·弗里德里希·黑格尔依靠一些古希腊的理念引入了上述（可惜是错误的）超级思维，并且在历史上最佳（也最难）的哲学著作之一《逻辑学》中进行了论证。黑格尔将他的超级思维命名为"绝对理念"，不难看出这个名字非常适合用来形容超级思维。超级思维可以说是人们能够得到的最佳理念，也就是绝对理念。相应地，我们可以将"存在一个超级思维"的主张命名为**绝对观念论**（ABSOLUTE IDEALISMUS）。

　　然而绝对观念论是错误的。若超级思维是真的，则它必定存在。那么它显现在哪一个意义场中呢？如果它显现在自身中，那个熟悉的世界难题便会重现：超级思维无法在自身中显现，因为这样世界

图3

就既在自身中显现，又在世界一旁显现。这一思路如图3所示。

　　当然，上图所示内容准确而言并不完整和充分。这是由于在超级思维的超级思维中还会再出现一个超级思维，因为它在此的定义恰恰是"出现在自身中的思维"——这是一个无限的循环嵌套。此 106 间的情况显而易见，无所不包的东西无法显现在自身中。我们无法触及无所不包的东西，这不仅仅是因为我们缺乏对它加以彻底思考的时间，还因为根本就不存在它能显现于其中的意义场。无所不包的东西并不存在。

虚无主义与非存在

　　让我们再回到蓝色立方体这个更简单、形象的例子上来。上文 107 曾提到，当它独自存在、完全隔绝于其他对象时，它本身也无法存在。一旦我们将一个单独的对象与其他一切对象完全隔绝开来（无论是在思维、宇宙或是任意一个对象域中），该对象便立刻停止存在，因为它被隔离于它能够显现于其中的意义场。若我们将蓝色立方体从一切意义场（从而也就是从世界）中抽离出去，它在一定程度上就发生了内爆并在存在论层面上化为了乌有。它就径直消失不见了。若它完全孤立，它便不再存在。还是那句老话："一是最孤独的数字。"

从这个角度看来，世界由许多自己的小小副本所组成。因为每一个单独的对象都有权获得自治，都有权要求作为其所是的对象而存在，无论它是一张咖啡桌、一碗蔬菜汤还是一个数学等式。然而对象只有在一个背景前才能出现，缺少后者它将无法存在。每一个小小的世界副本都创造了一幅世界的映像，因此存在着许多小小的世界样本。所以我认为：根本上某个对象若要存在，它就不可能完全孤立。它必须显现在一个意义场中。而这个意义场要能存在，它又显得过于孤立。因此这一意义场同样又显现在另一个意义场中，循环往复以至无穷。我们永远无法到达一个终点，我们永远无法以这种方式获得一个一切都显现于其中的最终的意义场，亦即世界。

108 毋宁说世界的到来总是被推迟，因此至少我们能想到的（至少在我们的思维中）一切意义场全都存在，除了世界本身。我们无法思考世界，因为被思考的那个世界不同于我们思考世界时所置身其中的世界。

我们可以将世界的无限推延想象成**分形存在论**（FRAKTALEN ONTOLOGIE）的一种形式。分形是一种几何结构，它由无限多的自身的副本组成。比较著名的例子有毕达哥拉斯树（Pythagoras-Baum），参见图4，或谢尔宾斯基三角形（Sierpinski-Dreieck），参见图5。

图4　毕达哥拉斯树

图5　谢尔宾斯基三角形

世界无限地复制自身，因此可以说世界全然是由诸小小世界组成的，而后者同样也全然是由诸小小世界组成。

因此我们总是只认识到无限的某些部分。对整体的概观是不可能的，因为整体从未存在。里尔克用优美的诗句写道：

始终转向创造过程，我们

仅仅在创造过程那里看见被我们遮蔽的

自由的境影。或者会有一个动物，

一个喑哑的，仰视着，静静将我们看穿。

是之谓命运：面对

别无其他，始终面对。[1]

而里尔克认为存在一条出路，一种在无限面前的拯救，他相信动物、诸神、天使、孩子甚至逝者都能带来这种拯救——一个充满诗意的思维游戏，幸运的是我们在此不必参与其中。

110　　但这难道没有导致我们最终的迷失吗？若世界本身并不存在，只存在无限多的世界副本，难道一切不正由此而最终分崩离析了吗？现在难道不是一切都变得缺乏规定而陷入混沌之中吗？我们从何得知我们处于哪一个层面？一切我们所感知到的东西或许都只是在更大意义场中的某种基本粒子，在这个意义场中一个大得多的人正在思考相同的问题？

在几何学中人们至少可以通过形式运算的方式区分出不同的层级，并找到自己所处的那一层。然而人们又该如何识别出我们所生活于其中的现实所在的层级呢？或者在我们的例子里：我们从何得知我们身处的究竟是哪一个层级或哪一个意义场呢？若最终是一个**无限的意义大爆炸（Sinnexplosion）**在虚无之中永不停息地发生，我们如何才能为自身定位呢？难道一切不都陷落进虚无当中了吗？

---

[1]　莱纳·马利亚·里尔克：《诗集》（*Die Gedichte*），美因河畔法兰克福，1998年，第659页。（此诗节来自里尔克的《杜伊诺哀歌》第八首，中译参见里尔克：《里尔克诗全集（第一卷：生前正式出版诗集 第三册）》，陈宁译，商务印书馆，2016年，第884页。略有修正。——译者注）

这一担忧与所谓"虚无主义"的现象紧密相连。**现代虚无主义**
（MODERNE NIHILISMUS，Nihilismus从拉丁语"nihil"转变而来，
其意思便是"虚无"）尽管有许多变种，但它们都主张一切最终都是
无意义的。我们在自己毫不起眼的渺小星球上打拼奋斗，我们的星
球运行在无限之中，我们完全无法确定自己身处何处或者这一切究
竟意味着什么。根据爱因斯坦的相对论，要确定我们所处的时间并
不容易，因为不存在足以作为标准来衡量一切"现在"正在宇宙中
发生的事件的唯一、绝对的共时状态或此时此刻。某些物理学家与
形而上学家甚至认为根本不存在时间，一切实际上都已经发生，而
时间不过是自行"运动着的"生物的一种幻觉。[①]我们根本上还过着
一种富有意义的生活？抑或世界在意义场中的无限交叠破坏了一切
意义、一切重要性？

　　然而事情完全不是如此，恰恰相反：在纯粹的意义面前我们只
会迷失方向。著名的古希腊首位哲学家米利都的泰勒斯或许就是这
么认为的，据传他曾如此说道："一切都充满了诸神。"伟大的战后
哲学家汉斯·布鲁门伯格（Hans Blumenberg）在他优美且富有启发
性的书中对此多有抱怨。[②]由于泰勒斯认为存在太多的神了，所以他
想把事情简化并最终得出了一个近代科学式的观点，即一切存在着
的东西最终都是由唯一一种质料所组成："一切都是水。"（泰勒斯作
为港口城市的居民将水看得无比重要）尽管我们今天已经知道，并
非一切都是水，但我们依然总是认为或许存在着一个唯一的世界实

111

---

① 参见布莱恩·格林:《构成宇宙的材料：空间、时间与现实的性状》（*Der Stoff, aus dem der Kosmos ist: Raum, Zeit und die Beschaffenheit der Wirklichkeit*），慕尼黑，2008年。

② 参见汉斯·布鲁门伯格:《神话研究》（*Arbeit am Mythos*），美因河畔法兰克福，2001年第6版，第33页以下。关于泰勒斯可参见汉斯·布鲁门伯格:《色雷斯女仆之笑：一部理论的史前史》（*Das Lachen der Thrakerin. Eine Urgeschichte der Theorie*），美因河畔法兰克福，1987年第4版。

体（Weltsubstanz），而一切都是由它所组成。

　　而泰勒斯的命题"一切都是水"犯了双重的错误。认为一切都是水无疑是错误的（还有一些是火，一些是石头）。认为存在某个等同于一切的东西同样也是错误的。"一切"意味着无。"一切"这一表述不与任何特定的东西有关。尽管我们可以说"一切狮子都喜欢羚羊"或者"一切河流中都流淌着水"，但我们不可能说"一切都是X"。因为否则就会存在一个最为普泛的X，也就是一个万物都隶属于它的最为普泛的概念。而这个最为普泛的概念将会是世界，不过我们已经知道，世界并不存在。因此不存在一种理论可以一劳永逸地描述一切，因为根本不存在"一劳永逸"的东西。

　　然而我所提议的分形存在论主张的难道不是，一切都是一样的，一切都是只在相互关联中存在并由此与世界有所区别的小小的世界副本吗？倘若如此，那么分形存在论也就犯下了与泰勒斯同样的错误，也就是主张"一切都是诸意义场"，或语法上更恰当的说法："一切存在着的东西都是诸意义场。"①

　　让我们用更加形象化的方式来思考这个问题：如果只存在存在于其他意义场中的意义场（因为我们无法隔离任何一个意义场），"现实"不就成了一只在自身内无限交叠、无限庞大的苍蝇的复眼？难道我们不是置身于这其中的一个层级但却无法确定自己所处的究竟是哪一个层级，因为所有层级之间都是不可区分的？这样一种处境会像俗话说的那样"把人逼疯"。

　　不过请放宽心。我们并没有处于上述处境，或更确切地说：至少从我的论据并不会推出，我们正处于上述或其他相类似的处境。

---

① 前面一句原文为"Alles ist Sinnfelder"，后面一句原文为"Sinnfelder sind alles, was es gibt"，这里意义场一词用的是复数，所以作者调整了谓语使之符合德语语法。——译者注

因为只有当各个意义场完全无法相互区分时，才会存在一个平滑的意义场平面——一只无限交叠、无限庞大的苍蝇复眼。然而各个意义场之间是有很大差别的：一场亚马孙河上的航行根本上不同于一场梦或一个物理学等式。国籍完全不同于中世纪绘画。

113

让一个意义场成为意义场的东西也不是单单一句"它是一个意义场"就能穷尽了的。也正是出于这个原因，我在表达自己的理论时选择了"意义场"而非"对象域"的说法。二者的区别在于：一个域对"什么在它之中出现"这个问题的回答是倾向于中性的。我们拿一栋在布鲁克林某处的房子来举例。关于这栋房子我只知道，它有七个房间。每个房间都是一个对象域。这些房间没有任何不同。无论人们在房间中发现了什么，它们自始至终都是房间。即使是一个空房间，它也是房间。意义场则与此完全不同，我们无法在不考虑在该意义场中显现的对象的序列或结构的情况下理解它。毋宁说意义场与磁场的情况十分类似；只有当我们在磁场周围放置一些能够展示出磁场形状的特定对象时，我们才能观察到磁场的存在。意义场是由在它之中显现的对象所规定的。意义场和它的对象是共生的。对象与意义场的意义紧密相关。

由此我们可以清楚地看到，同一性或曰个体性对我们关于意义场的理解至关重要。许多意义场根本上要能够存在，它们必须彼此之间有所不同。令一个意义场得以有别于另一个意义场的，是二者在意义上的差别，而这些意义是当我们想知道自己所处的是哪一个意义场时必然能认识到的。意义场这一存在论的概念向我们澄清的只是，必然存在着许多意义场且它们之间相互区别。但它无法更具体地告诉我们，有哪些意义场存在，以及它们的性状如何。为了回答这个问题，我们除了存在论之外还需要例如科学、经验、我们的

114

感官、语言、思维等等，总而言之，人类认识的全部现实！存在论能告诉我们的只是：现实不可能最终由无差别、在任何情况下都完全相同的意义场组成。但探究究竟存在着**哪些**意义场，对意义场的更为具体的列举，则不是存在论的工作，而是经验科学的工作。

在经验科学的研究中我们是可能犯错的。因为我们有可能出于疏忽而将自己定位在错误的意义场中，例如当人们认为存在挪威巨怪时，人们正是犯了这种意义上的错误。因为挪威巨怪或许存在于北欧神话中（而北欧神话又存在于挪威），但是长久以来挪威都不存在巨怪。因为属于"挪威"这个意义场的东西，都出现在某一特定国界范围内或拥有挪威国籍，但是巨怪既不存在于被我们称作"挪威"的地区，也不是挪威国民。所以在挪威并不存在巨怪，巨怪只存在于北欧神话中。

有了上述铺垫，现在我们就能来解决一个著名的哲学之谜了。这一谜团产生自下列问题：我们该如何理解否定性的存在陈述？**否定性的存在陈述（Negative Existenzaussagen）**是一类命题，这类命题断言某物不存在。这类命题自古以来都令哲学家们非常头疼。之所以如此，原因在于：当我们将某一属性归给某物时，我们似乎首先预设了该物存在着。当我说"尤迪特正头疼"时，我同时预设了尤迪特与头疼的存在。否则尤迪特不会头疼。如果这一点普遍适用于所有陈述，那么它也同样适用于否定性的陈述。当我们断言尤迪特没有轿车时，我们便同时假定了尤迪特与轿车的存在，只不过现在尤迪特名下并没有一辆轿车。然而，当我们断言尤迪特不存在的时候呢？这时我们是否同时假定了尤迪特与一个存在着的对象的存在，只不过尤迪特不属于这个存在着的对象呢？若尤迪特拥有"不存在"这一属性，她便必然不存在吗？归根结底不存在的东西无法拥有属性。但是尤迪特看起来拥有"不存在"这一属性，因此她必然存在，这就产生了悖论：若尤迪特不存在，她便必然存在。

这一问题有时也与下列情形有关，即我们无法对"无"做任何断言。若我们对"无"做出了某些断言，我们仿佛不仅预设了"无"的存在，还预设了它是某个特定的东西，亦即"无"。但这样一来我们便误解了它，因为"无"既非某个特定的东西，也并不存在。似乎"无"至多只是某个当我们什么都不思考时我们所"把握"到的东西。这当然便意味着，我们无法用思维的方式把握到"无"。然而这样我们就再次对"无"做出了某些断言，由此便引出了下述问题：是否"无"不是任何东西？

不过我们不必大费周章便能证明这个问题是一个伪问题。我们 116 必须以一种完全不同的方式来理解否定性的存在陈述与"无"。

当我们说"某物不存在"时，我们实际在说什么？例如当我们说"不存在女巫"时，我们实际上是什么意思？让我们来仔细瞧瞧这个问题，并列出一个为真的否定性的存在陈述：

不存在女巫。

或许有人会对此反驳道，的确存在着女巫，例如在歌德的《浮士德》、在《女巫布莱尔》（*Blair Witch Project*）、在西班牙宗教裁判所审讯官糊涂的脑袋以及在科隆狂欢节中。下列命题：

存在女巫。

因此也是为真的。现在我们便碰上了一个令人尴尬的矛盾。因为我们现在有了这样一个命题：

存在女巫，且不存在女巫。

不过我们很快就能看到这里其实并不存在真正的矛盾。因为我们并没有说，女巫就是存在，或者女巫就是不存在。这两者都与语境有关：当我们否认某物存在时，我们否认的总是某物在某个特定的意义场中显现着。不必冒自相矛盾的风险，我们还可以说，该物同时又在另一个意义场中显现着。因此女巫的确存在着，但不是以西班牙宗教裁判所审讯官所认为的那种方式存在。当我说"在我的城区不存在麦当劳"时，我的意思可不是麦当劳根本上不存在。这个道理是普遍适用的：无论是肯定的还是否定的存在陈述总是只与一个或一些意义场相关，而绝不可能与一切意义场或一个无所不包的意义场有关。正是由于不存在一个无所不包的意义场，存在总是相对的，亦即，存在总是相对于一个或若干意义场而言。

或许有读者会如此反驳：存在不应该是与幻觉、错误以及纯粹的想象不同吗？当我们说存在鼹鼠时，我们所说的不就是鼹鼠并非单单想象出来的，而是*现实地*存在着的吗？或者当应用到外星人身上时，我们想知道的不是外星人是否存在于我们的想象中，而是外星人是否在外界的某个地方*现实地*存在着。

这种反对意见错误地区分了*存在*与*想象*。因为即使想象也存在着，而且许多东西也只存在于想象中。"只存在于"和"现实地存在"这样的补充并不取消相对性。我们可以在两个《浮士德》诠释者的讨论中明白这一点。一个人认为，在《浮士德》中不存在女巫，女巫只是浮士德幻想出来的。另一个人反驳道，女巫在《浮士德》

中现实地存在着，女巫不是浮士德所想象出的，女巫在戏剧的世界中是真实的。"现实的"与"纯粹想象出的"之间的区别因此也与像歌剧的世界这样的意义场有关，而后者的确是"纯粹想象出的"。所以即使是在"纯粹想象出的东西"中也存在"现实的东西"与"纯粹想象出的东西"之间的区别。

存在因此也并不首要地与是否出现在宇宙中或者是否是一个物理、物质性对象有关。否则我们就无法讨论哪一些虚构人物在小说的世界里现实地存在着而哪一些并不存在。存在总是在某一个特定意义场中的存在。问题总是在于，这一存在与哪一个意义场有关，我们经常搞错的仅仅是后一个问题。女巫抓捕机构混淆了他们的想象与生活在欧洲地区的女人，然而并没有任何一个无论在欧洲还是别处的女人是（拥有魔法的）女巫。所以女巫总是只存在于她们的追捕者的想象中。但她们根本不存在于地球上。没有女巫显现在"地球"这一意义场中，女巫只显现在"近代早期的女巫捕手的想象"这个意义场中。因此认为"女巫存在于近代早期人的想象中"或"女巫存在于《浮士德》中"，都是完全合法的主张。

外部世界与内心世界

许多哲学家都十分令人惋惜地落后于自康德以降的近代哲学的发展。他们依然像某些近代早期的唯物主义哲学家那样认为，存在一个对我们的感觉器官产生刺激作用的所谓的"外部世界"，以及我们对这个"外部世界"的表象。对这些人而言，外部世界存在着，而我们对它的表象可能是正确的也可能是错误的，外部世界既不是真的也不是假的，而只是在那里径直存在着。然而，认为存在着一

89

个外部世界以及我们对它的表象，这是完全错误的。因为这一观点预设了一个在存在论层面上错误的所谓的科学世界图景。

第一个错误在于将科学与某种世界图景联系在一起。顺便说一句，这也并非哲学家的智慧。我和许多我这一辈的成年人都早已通过《大青蛙布偶秀》（*Muppet Show*）认识到哲学上的智慧了。正如许多儿童读物与幼童那样，《大青蛙布偶秀》远比一些所谓的"科学世界图景"的信徒要智慧得多。在《大青蛙布偶秀》中有一个节目叫作《宇宙中的猪》（*Schweine im Weltall*）。该标题早已将一切都说尽了：因为这一节目正是旨在教导孩子们，我们人类绝非只是宇宙中的猪。我们绝非只是迷失在无意义的银河中的无限单调的空间里的只会吃喝拉撒与计算的动物。我们是人类，而这首先意味着：我们是一种不仅知道自己存在着还知道自己存在于世界中的生命体。《宇宙中的猪》里有一集讲述了艰难前行的宇宙飞船"猪粪号"迷失在太空中。在第一个镜头里，我们能看到船长在尝试绘制出一幅容纳了无尽空间的地图——但倾倒的8在他看来只不过是只小鸭子。而与此同时，猪小姐惊恐地喊道："哦不！我们迷失在无尽的空间中了。为何我们就不能承认这一点呢！"随后她便遭遇了一次生存论的崩溃（existentiellen Zusammenbruch）。船长对此回应道："我早已经历过这种绝望的情境，但我最终还是找到了出路。"小猪们忽然发现自己穿过了一个"带有致命的食物波的地带"，船长的铅笔因此尝起来就像李子。食物波"将一切飞船上的东西都转变为了食物"。小猪们身处一个其中的一切都是可食用的东西的意义场，他们的宇宙飞船变成了一个只与吃有关的地方。

所谓的科学世界图景实际上认为，人类便是这样一种太空中的猪。科学世界图景混淆了存在与感官所通达的东西，并将人类对意义的需求倾注到无尽的银河中。若我们只将人类看作太空中的猪（即使我们有时的确表现得如同太空中的猪），也难怪一切都显得不重要、无意义！

当我们试图通过世界图景来把握现实整体或者实在时，我们通常大大远离了我们的日常经验。也正是因此，我们太轻易地便忽视了海德格尔所说的"跳过"（überspringen）。[1]也就是说，我们某种程度上从外部眺望着现实，并发问现实的情状是怎样的。这一可疑的距离使得许多人以为，世界是以某种方式在外部某处存在着，我们端坐于类似于房间或电影院的地方观看现实。"外部世界"这一概念正是上述观点的产物。然而我们毫无疑问是在世界之中的，只不过我们时常并不知道我们具体身处何处，不知道这一切意味着什么，或者不知道我们降落到哪一部电影中。

然而当我们远离自己的现实生活时，我们早已做出了许多理论抉择。的确，人们必须承认，这些抉择通常都不是在我们有意识的情况下做出的，而是对我们来说总已经如此这般了。这是因为世界图景是通过媒体、教育系统与一切种类的风俗习惯传播开的。我们总是不断被哈勃望远镜所拍摄的经过人为处理后（经过大量加工与涂色）的图像与最新基本粒子的模型所炮轰，仿佛这一切已经是我们关于宇宙的最终认识了。在过去，我们的知识来自各式各样的传教士，而今天我们则询问科学家与专家，他们告诉我们，根本上只存在上帝粒子与希格斯场，而我们人类实际上不过是基本只关心繁衍与进食的宇宙中的猪。只有当我们拥有这种印象时，即我们体验生活的样式，世界每每对我们所呈现的样式，都不过是幻觉，我

121

---

① 马丁·海德格尔：《存在与时间》（*Sein und Zeit*），图宾根，1993年，第14节。

们才有了上述念头。世界是当我们采取美国哲学家托马斯·内格尔（Thomas Nagel）所说的"不属于任何地方的视角"（Blick von Nirgendwo）时看见的东西。[①]内格尔着重指出，我们无法得到不属于任何地方的视角，它不过是一种迷惑人的理想，我们只是为了尽最大可能抹除探求真理的个人旨趣才努力争取得到它。

请回想一下，在您八岁时世界对您来说是什么样的？请回想一下您的希冀、愿望甚至不安，回想一下您在十岁或更大的时候是如何想象自己的生活的！请您回想一下自己的老朋友、家庭节日、假期、第一个夏日、在学校里学到的一条重要的知识！那么您便会立刻明白，您的感知在时间流转的过程中经历了多么大的转变。您此间所观察到的，是一个意义场的转变，是从一个意义场到另一个意义场的转变过程。为了认识到这一点，我们无须调用我们全部的生活经历。我们无时无刻不体验着意义场的转变，即便是每一个不那么重要的瞬间。我写作这个段落时恰好坐在我的阳台，这是今年的第一个夏日，2012年的4月末。当我写下这一段时，我向外远眺并看见一座美丽的教堂塔楼，从我家的阳台刚好能够望见它。一个邻居家的小孩向我呼喊。小戴维在玩着浇花的橡皮水管并想引起我的注意。滑翔机飞行员从天空中划过，而我在思考一次与托马斯·内格尔的交谈，谈话内容刚好就是我上文所写下的。那时我坐在他位于纽约华盛顿广场公园的办公室里，而他坐在他的办公桌后显得十分从容友好。现在我从回忆里折返，感到有一丝口渴。我抿了一口我手边的茶。

----

① 参见托马斯·内格尔：《不属于任何地方的视角》（*Der Blick von Nirgendwo*），美因河畔法兰克福，2012年。（中译参见托马斯·内格尔：《本然的观点》，贾可春译，中国人民大学出版社，2010年。——译者注）

以上之所为是我们每日都要完成上百回的小小旅途。我们从回
忆游荡到全然身体性的印象，例如舒适的温度或令人不适的裤子，
再游荡到理论思维与噪音。我们自问该如何与邻人（例如小戴维）
打交道，以及下一句话该怎么说。我们不间断地活动在无数意义场
中间，永远也无法碰见一个包含了一切的终极意义场。即使我想象
星系中的无限空间或着手一项物理思维实验，我也只是再次漫游到
另一些意义场中。仿佛我们从一个意义场被派送到另一个意义场。
即使我们有意识地将自己的生活牢牢控制在手中并按照既定目标行
动，我们每一刻也都会遭遇数不胜数的偶然之事：不期而遇的气味，
我们不认识的人，我们从未经历过的情境。我们的生活是一场穿梭
于各式各样意义场中的独一无二的活动，而具体的情境联系既可能
是由我们所建立的，也可能是我们直接遭遇到的。当我敲下这一段
文字时，我考虑到"我写下这段文字时所处的今年的第一个夏日"
这一意义场，并将显现而出的对象安置在这一意义场中。也正是因
此，在这一页中存在着教堂塔楼与小戴维——这些尽管只是日常生
活中的琐碎，但却十分重要。

　　然而，我们的日常语言不足以真正地将我们带向我们所体验
的东西，所以如莱纳·马利亚·里尔克这样的诗人才最终证明自
己是更好的现象学家，是现象的救星。在他的《新诗集》(*Neuen*
Gedichte) 的其中一首中，他用和意义场存在论一样的方式（意义
场存在论在很多地方都以里尔克的诗歌为指针）描述了童年。

　　　该是好的，思考许许多多，为了

　　　说出某种如此遗失的事，

　　　说出那些如此从未再来的

漫长的童年午后——为什么？

我们还可以想起——：或许一场雨中，
但我们却不知道这有什么用；
生命从未再次充满相遇、
充满再见与继续前行，恰如

那时，那时发生在我们身上的事，
只是发生在一个事物一个动物身上的：
那时我们活着，恰如那些午后的人性之物，
充满了形象，满而又满。

如此日渐孤独如一个牧人，
如此沉重背负着巨大的远方，
如同被远远地呼唤、触动，
慢慢地如一根长而新的线
被引入那些画面序列中，
序列中的持续令我们迷乱。①

我们人类完全合理地想要知道，这一切究竟意味着什么以及我
们身处何处。我们不应低估这一形而上学冲动，因为它形塑了人类。
125　人类是一种形而上学动物，对于这种形而上学动物而言至关重要
的是确定自己在"宇宙（Kosmos）中的地位"，正如马克斯·舍勒

① 莱纳·马利亚·里尔克：《诗集》，第456、457页。（此诗标题为《童年》[Kindheit]，中译参
　　见里尔克：《里尔克诗全集（第一卷：生前正式出版诗集 第二册）》，第624页。——译者注）

（Max Scheler）在一本经典的小册子中所言。^①但是我们在回答"这一切究竟意味着什么"时必须要非常谨慎。因为我们无法完全跃出自身经验，并假装存在一个我们的经验在其中根本没有任何位置的巨大的世界。哲学家沃尔夫翰·霍格雷贝（Wolfram Hogrebe）在他的著作《危险的切近生活：人类的场景式存在》（*Riskante Lebensnähe. Die szenische Existenz des Menschen*）中将这种错误准确地描绘为"冰冷的家园"。^②

我们所生活于其中的世界，表现为一个唯一的、持续的、从一个意义场到另一个意义场的转变过程，表现为意义场间的融合与交叠。这并不涉及一个总体来看冰冷的家园，因为并不存在诸如"总体"这样的东西。

毫无疑问，如康德所说的那样，我们是以"人类的立场"^③来看待世界的。然而这并不意味着我们无法认识世界自在的样子。我们同样能够从"人类的视角"认识到世界自在的样子。

在下一章中我们将会看到，我上述所言并没有葬送科学及其客观性。只是我们不应混淆科学的客观性与对世界的研究。自然科学研究自己的对象域，其结论有对有错。当我们轻率地去追逐整体的综观并忘记自身时，我们忽视了自己本来所拥有的日常经验，但这并非事情本身的错，而只是我们的坏习惯使然，幸运的是我们仍有机会改正这些坏习惯。

与此相反，不管是在希腊还是印度与中国的古代，哲学就以如下方式开始了，即人类自问，他究竟是谁？人类想要知道自己是谁，

---

① 马克斯·舍勒：《人在宇宙中的地位》（*Die Stellung des Menschen im Kosmos*），波恩，2007年。
② 沃尔夫翰·霍格雷贝：《危险的切近生活：人类的场景式存在》，柏林，2009年，第40页。
③ 伊曼努尔·康德：《纯粹理性批判》，斯图加特，1975年，第90页。

而这源自对自我认识的渴求，而非来源于将自己从世界公式中抹除的愿望。这一观点——即世界不存在，只存在以无限种方式无限地扩张的意义场——令我们能够脱离一切特定世界图景的束缚去理解人类。一切世界图景都是错误的，因为它们假定了存在着一个世界，而我们能形成关于这个世界的图景。正如我们即将看到的，我们能够在不放弃科学的前提下放弃世界图景。毋宁说我们必须保卫科学，以免科学被苛求去解释一切，因为这是一种对任何人或事都不恰当的苛求。

第四章　自然科学的世界图景

我们生活在现代，而现代是科学与启蒙的时代。启蒙首先意指一个发生在18世纪的进程，不少人将其视为现代性的第一个顶峰，但也有一些人则相反地将其认作20世纪政治灾难的先兆，比如蒂奥多·W. 阿多诺与马克斯·霍克海默在二人合著的《启蒙辩证法》中便表达了这种观点。[1]他们二人由此也成为批判理论的奠基者，批判理论即一项旨在考察同时代受意识形态歪曲的观点的理论研究。对启蒙所做的类似批判也在20世纪法国哲学中以精细的方式进行着，例如在哲学家、社会学家、历史学家米歇尔·福柯的作品里。

然而我们不应把作为科学时代的现代等同于启蒙的历史进程，因为现代早在近代早期，也就是在15世纪便由科学革命所开启——科学革命当然也引发了其后的政治革命——而启蒙的开端则是在18世纪。科学革命的本质在于推翻了整个古代与中世纪的世界图景。世界随之被证明为远非以欧洲人——自希腊哲学的开端起——千百年来理所当然认为的那种方式得到组织。现代始自人类及其生活空间（即地球）的去中心化。人类开始认识到自己处于一个远超出此前自己所想象的庞大关系网络中，而这一关系网络绝非根据我们的需求而量身定制。但人们随后也过于草率地将自己封闭在一个科学

---

① 蒂奥多·W. 阿多诺（Theodor Wiesengrund Adorno）、马克斯·霍克海默（Max Horkheimer）:《启蒙辩证法：哲学断片》（*Dialektik der Aufklärung. Philosophische Fragmente*），美因河畔法兰克福，1988年。

世界图景中，在其中人类不再显露而出。人类开始将自己从世界中剔除出去，并将世界与冰冷的家园，也即宇宙（Universum）画上等号。但他同时又暗地里把自己重新偷运到世界图景之中。因为"世界本质上是一个没有观察者的世界"这一观点，是无法在没有这个人们想要摆脱的观察者的情况下产生出来的。

此外极为有趣的是，一个无观察者的冰冷家园这一想法恰巧出现于欧洲人偶遇真正意义上处在另一个家园里的人们的时候。美洲大发现的意义远比人们先前所预料的更为深远。对于当时的欧洲人而言，发现与自身有所不同的他物同样是完全意义上的人类，是十分恼人的。这一相遇的结果之一是，人类在宇宙（Kosmos）中的位置开始总体上受到质疑。正如巴西民族学家爱德华多·维维罗斯·德·卡斯特罗（Eduardo Viveiros de Castro）所强调的那样，对所谓的"野人"的逐步驱逐促使人们认为，宇宙或许早已完全抛弃了人类。就像他指出的，许多今日位于巴西境内的原住民团体远比科学世界图景在存在论层面上更加开明，因为他们并没有认为自己身处一个无观察者的宇宙，而是仍在不断探索为何存在着作为观察者的自己以及这究竟意味着什么。维维罗斯·德·卡斯特罗因此也将这些原住民团体视为人类学家或民族学家，因为人们能够从他们身上认识到，我们终究还是无法回避"人类究竟是什么"这个问题。[1]他将此称作"对称人类学"（symmetrische Anthropologie），这意味着无论是从欧洲远道而来的发现者抑或美洲的原住民团体都在研究着对方。

---

[1] 参见爱德华多·维维罗斯·德·卡斯特罗：《宇宙代词与印第安视角主义》（"Die kosmologischen Pronomina und der indianische Perspektivismus"），载《瑞士美洲研究协会》（*Schweizerische Amerikanisten-Gesellschaft*）第61期公报，1997年，第99—114页。

　　若我们暂且搁置困难的历史与历史哲学问题，即是否现代带来了启蒙而启蒙又进一步导致了20世纪的巨大政治灾难（一如人们常常从阿多诺与霍克海默出发所认为的），那么我们便可以冷静而不带成见地断定，生活在科学的时代有着最为巨大的优越性。能得到一位具备现代知识与技术手段的牙医的治疗，显然比得到柏拉图时代的牙医的治疗更好。如今，旅行也变得更加舒适了。当一位来自雅典的古希腊哲学家受邀前往西西里岛进行一次演讲时，他必须乘坐十分令人不适的由奴隶划桨驱动的船只。（若参照现代人的标准，即便演讲后的晚餐想必也极为糟糕，尤其是当时的欧洲还没有土豆，那是借由近代早期的发现之旅才引入欧洲的。调味品在古希腊也并不特别丰富。也难怪通往人称调味天堂的印度的航线在兴起阶段的现代扮演了重要角色。）

　　古希腊人早已取得了许多科学上的重大成就，但他们认为宇宙是有限的——想必如果他们得知了根据当今的估计和计算银河系中有多少个太阳系，定会感到无比震惊。此外在希腊哲学中，人类处于万物的中心，这同样是一种夸大。甚至后人将"人是万物的尺度"这一论题归给哲学家普罗泰戈拉，这作为**人类尺度论**（HOMO-MENSURA-SATZ）而被记载入了历史。在现代则针锋相对地出现了**科学尺度论**（SCIENTIA-MENSURA-SATZ），正如美国哲学家威尔弗里德·塞拉斯（Wilfrid Sellars）所明确主张的：

　　　　作为哲学家，我完全可以主张，时空中物理对象的日常世界是非实在的——也就是说，根本不存在这样的东西。或换种不那么悖论性的说法，何处旨在描述与澄清世界，何处科学就是万物的尺度，既是存在着的事物的尺度，也是不存在的事物的尺度。①

131   在科学的时代，人类世界不仅是可疑的，甚至被视为虚幻，而科学的世界，也即宇宙，则被提升为客观性的衡量尺度。问题不再是世界对我们如何显现，而是自在的世界是什么样的。

不过通过我们在前述章节中所做的推理，我们已能够对世界观的大致状况提出质疑。根据意义场存在论，不可能存在一个现实的基底层——也就是自在的世界——仿佛这个基底层不断被我们的登记所扭曲。**唯科学主义**（SZIENTISMUS）认为：自然科学认识到了现实的基底层，亦即自在的世界；而其他一切认识方式必定总是可以被还原为自然科学知识，或至少能以自然科学知识为尺度加以衡量。这一观点是完全错误的。

不过这里我不是在批判任何特定的科学学科或科学性（Wissenschaft-lichkeit）这一现代理想。科学的进步带来了医学、烹调、经济、政治等多方面的进步。我们的认识越科学，我们离一些真理也就越接近，并得以克服过去的错误。若先不论启蒙与科学之间关系究竟为何，我们可以断定，科学进步是值得赞扬的。然而科学的进步并不等同于自然科学的进步。进步也同样发生在社会学、艺术科学以及哲学

132 领域，甚至还存在一些完全处于科学思维的轨道之外的进步，例如滑板技术的进步。

科学成就是伟大的。当我们说自己生活在一个科学的时代中时，这也是一个可喜的消息——是一种光荣称号。因为科学能令我们抛弃偏见，能为我们带来每一个人（无论其社会地位如何）都能学习

---

① 威尔弗里德·塞拉斯：《经验主义与心灵哲学》（*Der Empirismus und die Philosophie des Geistes*），帕德博恩重印第二版，2002年，第72页。

的知识。科学的认知方式对每一个人来说都是可理解且可检验的，只要我们掌握了科学的方法。由此科学也是一项民主事业，因为它假定在真理与对真理的发现面前人人平等。不过这并不意味在科学家中不存在好坏之分。尽管如此，科学根本上是集体的财富。

然而一旦人们将"科学"这一光荣称号，或"科学的"这一谓词与世界图景联系起来，情况将变得困难。有两个可用以反驳科学世界图景与一切世界图景的科学性的根本理由。这两个根本理由自身是科学的，它们得到了合理的证明，且对每个人来说都是可理解与可检验的，这同时也意味着人们可以质疑、拒绝甚至驳斥它——当然人们必须首先得做到让自己的观点是科学的且对每个人来说都是可理解的。在这个意义上哲学本身便是科学的，因为它是一项经过证成且能够被证成的事业，人们只有在说出更好的理由时才能驳斥它。在最近的两百年里，特别是自康德以降，世界这一概念首先在哲学中得到了彻底的改变。哲学在此同样取得了进步，这一进步使得它有能力去摧毁世界图景本身。

每一个科学世界图景都必然失败的第一个原因径直在于，世界根本不存在。我们无法对不存在的东西形成图景，即使只是在思维中。人们无法发明出世界。另一个原因则将在本章中扮演更为重要的角色，它与下述观点有关：我们无法对世界形成图景，因为我们无法从世界之外观察世界。正如我借用托马斯·内格尔所使用的极富启发性的措辞已经提到的，我们无法获得"不属于任何地方的视角"。我们总是只从某一处视点出发来观察现实。我们总是处于**某处**，我们绝不可能从**不属于任何地方**的视角观察现实。

科学世界图景之所以失败的第一个原因是**存在论层面上的**。它表明了科学世界图景建立在一个错误的预设上，以致建立在这个错

133

误预设上的一切都必然是错误的，或至少在科学上是未经论证的。第二个原因是**认识论层面上的**。它与这样一点联系在一起，即，我们不可能采取不属于任何地方的视角。但要注意的是，这并不意味着我们无法认识任何东西或至多只能构思出一个关于世界的模型，而不能推进到事实本身中。下列观点是错误的：我们所确信之事与科学模型都只是如同在我们的精神之眼前的有色眼镜，从而我们总是只认识到人类的世界，即根据我们的旨趣而诠释出的世界，而绝不可能认识到自在的世界。因为人类的世界也属于自在的世界，或用意义场存在论的表述来说便是：有一些意义场是只对人类开放的，而它们与那些人类永远无法接触到的事实所属的意义场同样"实在"。

所谓的科学世界图景正是出于这些可科学地证明的理由而失败了。当我们有条理并不带成见地去考察它们时，它们便被我们捏得粉碎。不过在我们使用概念放大镜来深究正反两方的理由之前，重要的是首先辨析，"科学世界图景"这一表述的意思究竟为何及其意图何在。只有当我们明白这两点后，我们才能理解科学与宗教之间、一种科学世界图景与若干种宗教世界图景之间的争论究竟意味着什么，我们也将会在后续章节中更深入地讨论这一话题。

自然主义

科学世界图景的信徒们经常如此论证道：只存在唯一一个自然；自然是自然科学的对象域，也就是宇宙；不存在超自然或外在于自然的东西。因为超自然或外在于自然的东西必然违背自然规律。既然没有任何东西可以违背自然规律（因为这就是自然规律的定义），所以只有自然存在着。这一主张只有自然（即宇宙）存在的立场，通常被称作**自然主义**（NATURALISMUS）。①根据自然主义的观点，只有可以在存在论层面上回溯到自然科学的域的东西才存在，其他一切都必定是种幻觉。

希拉里·普特南几乎是唯一一位几十年来致力于研究自然主义和20世纪自然科学所取得的重要成就（尤其是理论物理学，当然还有信息论与数学基础理论研究）的哲学家。他推测在自然主义背后隐藏着一份不安感。在他的近著《科学时代中的哲学》（*Philosophie in einem Zeitalter der Wissenschaft*）里，他指出自然主义试图用非理性的观点来对待宇宙。这些非理性的观点包括了那些科学上不可理解的解释以及那些根据科学标准其理论论证十分薄弱或全然武断的解释。

举一个例子：让我们想象有人告诉我们，地球是在两周前的周四形成的。对此我们会惊愕地反驳，事情不可能如此。阿尔卑斯山的存在证明了在此之前必然发生了长时间的地质演变过程，而这不可能在两周时间内发生。该道理同样适用于我们自身的形成，特别是我们还能够回忆起两周前的周四。但如果那人又继续说，对于新鲜出炉的人类来说拥有这些确信之事十分正常，因为这些内容都是在他们被创造时写入脑中的，那么任何进一步的讨论都变得毫无意义。我们应该不难得出结论说这一所谓的解释完全是胡闹。我们可以相信他也可以不相信他，但我们无法对这一假说进行检验。

自然主义者认为，对整个世界或某些出现在世界中的现象的传统解释，若在解释的过程中借助了上帝、非物质性的灵魂、精神或

---

① 马里奥·德·卡洛（Mario De Caro）、大卫·麦克阿瑟（David McArthur）主编：《追问自然主义》（*Naturalism in Question*），马萨诸塞州的剑桥，2008年。

命运这类非自然对象，那么便都是一种武断的假说。对自然主义者来说，认为上帝存在的观点只是无穷多十分武断的假说中的一种。谁若认为上帝规定了十条诫命或黑天（Krishna）是神性的化身，那么根据自然主义者的观点，这人的行为便无异于朝拜飞天面条怪（das Fliegende Spaghettimonster）。[①]自然主义将宗教视为与其具有竞争关系的世界解释而加以拒斥，因为它认为宗教是一种不科学的假说。

到目前为止，这一切推导都很顺利。我们的确不想为武断的假说辩护。因此自然主义与科学世界图景第一眼看上去似乎是对付人类的武断这一剂危险毒药的最佳治疗手段。若愿望是思维之父，那么我们常常在犯错，即便并不总是如此。作为科学世界图景的创始人之一的笛卡尔，正是以这种方式向我们解释了，为何我们根本上是可错而易错的。他认为，个中原因在于意志超出了理智：愿望是思维之父。但作为科学家，我们想要认识真理并将自己从错觉中解救出来。因此关键不在于我们如何看待现实，而在于现实本身是如何的。所以在近代早期的哲学中还出现了对人类的武断与想象力的质疑。从那时起，事关宏旨的便是严格区分现实世界与虚构：现实世界，即宇宙，是那种全然与我们的想象力无关的东西。

然而自然主义在倒洗澡水的同时也将孩子泼了出去。因为似乎至少有两条自然主义所提出的标准，用以区分自然物与超自然物。

1.超自然物是一种武断假说的对象，亦即纯粹的虚构。
2.超自然物违反自然规律。

---

① 鲍比·亨德森（Bobby Henderson）：《飞天面条怪福音书》（*Das Evangelium des Fliegenden Spaghetti-monster*），慕尼黑，2007年。

　　但是仅从这里我们并不能看出，通常被视为科学世界图景的对手的宗教有什么问题。这种敌意尤其可见于新无神论运动中，该运动的代表人物包括理查德·道金斯（Richard Dawkins）与丹尼尔·丹内特（Daniel Dennett）等作家。[①]新无神论将宗教视为一种与科学处于竞争关系中的宗教世界图景。事实上，在美国的确存在一些原教旨主义的宗教圈子，他们认为进化论或现代物理学宇宙论都是错误的，因为是上帝在基督降生前数千年的某一特定时刻创造了宇宙与动物。这类**神创论**（KREATIONISMUS）认为，上帝对自然的介入相比自然科学能更好地解释自然。道金斯认为神创论完全是虚假的解释，根本不是足以认真对待的科学假说，而只是一种人类想象力武断的虚构。此外，神创论也并非一个特别古老的观点：它于19世纪出现在英裔美国人的新教中，而在我们德国本土其实没有什么地位。在德语地区的科学神学（wissenschaftlichen Theologie）中几乎没有神创论的支持者，这与神学和哲学间的紧密联系也有关。因此我们不应过于仓促地将宗教现象与神创论画等号，新无神论者的攻击只有当应用于后者时才成立。

　　在《创世记》的开头，即《圣经》的开端处写着："起初神创造天地。"[②]不仅自然主义者，还有神创论的支持者（但绝不包括在欧洲影响巨大且以严格科学的方式指出对《圣经》可能存在多种解释的启蒙神学）都多多少少将这个句子诠释为一种科学假说。这导致了仿佛存在某个威力巨大的、超自然的位格，即"神"，在过去的某个时间，"起初"，创造了"天地"，也即我们的星球与其他一切大气层之外的东西。若将其作为一种科学假说来看待，那么该说法显然

---

① 参见理查德·道金斯：《上帝错觉》（Gotteswahn），柏林，2008年。
② 《创世记》1:1。

是错误的，在这一点上新无神论无疑值得赞同。认为上帝就像汽车制造商制造汽车那样创造了地球完全就是胡闹。

然而如果人们在自然主义这条道路上走得太远，就会错失许多现象，例如国家。难道国家是违背了自然规律的超自然对象吗？若自然物的标准只是能够经由自然科学得到研究的东西，那么国家便完全和上帝或灵魂这类超自然物一样了。难道主张存在着国家的假说，仅仅因为无法得到自然科学的裁决，便是不科学的，甚或是纯粹武断的吗？

一元论

当自然主义和科学世界图景仅要求我们在探索现实时尽可能不带成见且遵循特定的方法时，它们是相当空洞的。生活在拥有真正的言论自由的社会中的大多数人总归会接受这一建议。然而好斗的自然主义者和新无神论者则更进一步为一种世界图景辩护，这种世界图景建立在一种一元论的形式上。这一形式便是**唯物主义一元论**（MATERIALISTISCHE MONISMUS），它将宇宙当作唯一存在着的对象域，并将该对象域等同于只需借助自然规律便能加以解释的物质性的东西的总和。一元论是一种必须得到论证的实质性的主张。它并不能简单地作为不证自明的信条而通行无阻。新无神论根本上与一种统一的总体解释有关。它意味着对万物与整体的概观是可能的。而人们借此概观所看到的——自在的世界、现实抑或整体实在——应等同于一个巨大的时空性容器，基本粒子在其中根据自然规律得到推动并相互影响。与此不同的东西都不存在。

若这便是科学世界图景，那么我们就有无数种理由可以证明该观点是荒谬的。它一定程度上比布姆卡（Pumuckl）还糟糕。因为布姆卡现实地存在着（例如存在于《艾德大师与他的布姆卡》[*Meister Eder und sein Pumuckl*] 中），但根据唯物主义一元论所描述的观点，它根本不存在。唯物主义一元论失败的原因与其他一切一元论失败的原因一样，都在于假设了世界这个超级对象的存在，但由于一些原则性的原因，世界根本无法存在。其实科学的世界图景完全不必是物质性的。它甚至不必是物理性的。一个无成见的、可解释的、理性的、遵循特定方法加以控制的研究存在于一切科学中，其中也包括了科学神学。科学神学并未假定上帝是一个物质对象，而是在对上帝做出论断前首先研究经文以及经文的历史。

对唯物主义一元论的另一个相对简单的反驳来自美国逻辑学家和哲学家索尔·阿隆·克里普克（Saul Aaron Kripke），他在《命名与必然性》（*Name und Notwendigkeit*）中陈述了他的观点。[①]他的观点以一个非常简单的观察为依据：如玛格丽特·撒切尔（Margaret Thatcher）这样的一个专名代表一个人。当我说，玛格丽特·撒切尔曾是英国首相，我借此指涉的是英国前首相玛格丽特·撒切尔。让我们跟随克里普克将我的这一行为称作"命名仪式"（Taufszene）。在一次命名仪式中，一个专名与一个完全特定的人被联系在一起。若现在有人问我，玛格丽特·撒切尔是否还活着，我会说她已于2013年过世。

但如果还存在另一个仍在世的同样叫作玛格丽特·撒切尔的人，又如何呢？是否我的断言，即玛格丽特·撒切尔已于2013年过世，便是错误的了？完全不。因为我刚才所指的，的确是英国前首相玛

---

① 参见索尔·阿隆·克里普克：《命名与必然性》，美因河畔法兰克福，1981年，第107—122页。

格丽特·撒切尔。克里普克认为，一个在命名仪式中被我指涉的人，是被"严格地指示"（starr bezeichnet）了的。这意味着，这个人从其他所有人（无论是什么名字）中被挑选了出来。只要我在命名仪式中关注的是英国前首相玛格丽特·撒切尔，那么从即刻起，我便与我的命名仪式的对象关联在一起，我便能够跟随该对象的命运，无论我愿意与否。克里普克将这一点表述为，"严格指示词"（starre Designatoren）在一切可能世界中指涉同一个对象。这意味着，即使玛格丽特·撒切尔已不在世，我依然可以问，面对当下的经济情况她会怎么做。我可以先想象一个可能世界并将玛格丽特·撒切尔放进去，然后设想她会在里面做些什么。玛格丽特·撒切尔可以说是永远地和一个严格指示词联系在一起了，她被她的专名钓上钩了。每当我们引入一个专名，我们等于是将钓竿抛入现实之中。而我们钓到的对象，就被我们的钓竿所钩住，即使我们对该对象有错误的认识或我们原本想钓到的是其他对象（例如吉赛尔·邦辰［Gisele Bündchen］或布拉德·皮特［Brad Pitt］）。

借此我们可以看到，玛格丽特·撒切尔的**逻辑同一性**几乎与其**物质同一性**无关。我们总是能够像三十年前那样提起玛格丽特·撒切尔，即使她现在已完全不再有物质同一性。这对我们所有人来说都是一样的。即使我昨晚没有吃乌颊鱼而是吃了莱茵酸味炖牛肉，我今天的基本粒子因而部分地有所不同，我仍是同一个马库斯·加布里尔。

普特南为克里普克的论证补充道，我在任何情况下都不可能等同于我的基本粒子，因为否则我便会在我出生前就存在了（即便是以另一种方式四散在宇宙中）。构成了我的基本粒子在我存在之前便已存在，只不过是以另一种复合形态的形式存在。如果我与它们相等同，这便意味着我在出生之前就早已存在了。因此我们在逻辑上并不与自己的身体相等同，而这并不意味着我们没有身体也能存在。克里普克与普特南的论据仅仅证明，我们在逻辑上不可能与基本粒子相等同，因此，存在许多在存在论层面上无法被还原到宇宙中的对象。唯物主义一元论因此是错误的，因为存在着许多对象（例如作为个体的我们），我们可以严格地指涉它们，并且它们的逻辑同一性必须与其物质实在严格区分开。

可惜科学世界图景与许多糟糕的无稽之谈联系在一起。威拉德·冯·奥曼·蒯因（Willard Van Orman Quine），最坚定的科学世界图景信徒之一，甚至在其思想过程的一个阶段发现自己不得不将科学世界图景本身称为童话（用他的说法是"神话"）。在他富有影响力的论文《经验主义的两个教条》（"Zwei Dogmen des Empirismus"）中的一段经常被引述的话里，蒯因比较了关于物理对象（例如电子）的看法与认为荷马口中的诸神存在的看法：

> 请允许我再对此多说几句。作为略微具备一些物理知识的人，我相信物理对象而不相信荷马的诸神；并且我认为去相信其他的东西在科学上是错误的。但物理对象与荷马的诸神的认识论基础也只有程度上的而非原则上的差异。这两种存在之物都只是作为一种文化设定而进入我们的思想。物理对象的神话在认识论层面上优于大多数东西，因为它被证明能够比其他神话更为有效地为经验之流赋予一种可掌握的结构。①

144

---

① 威拉德·冯·奥曼·蒯因：《经验主义的两个教条》，载蒯因：《从逻辑的观点看》（*Von einem logischen Standpunkt aus*），斯图加特，2011年，第123页。

蒯因是一位十分坦率的唯物主义者。因为他认为一切知识本身都是物质过程，在这个过程中，由于神经末梢受到物理环境刺激而产生的信息得到了加工。在此过程中产生的一切都可以通过复杂的诠释构成一套世界图景。我们通常所使用的概念（例如原因、结果、基本粒子）都是某种有用的虚构，它们能够帮助我们整理我们神经受到的刺激。不过这同时也意味着我们所采纳的假说都具有任意性。蒯因武断地将他的神经受到的刺激加工为他的世界图景。然而在这么做的同时，他恰恰犯下了一个错误，这个错误是我们在科学的时代应该尽可能避免的：他在众多世界图景中挑选出他最喜欢的、对他来说在数学上最容易描述的一个世界图景。但是人们有同样的理由回到荷马的众神并用数学方式来对其进行描述（这甚至更简单，因为我们甚至只需计算12位主神）。

世界之书

145　　因此蒯因实际上放弃了与实在的联系，一如与他在哈佛共事了数十年的同事普特南近来正确指出的。[1]普特南提出**科学实在论**来反驳蒯因。根据科学实在论，科学研究的对象不是提前给定的，科学必须通过寻找来发现在自己的对象域中存在着什么。若电子的确存在，那么它便不是"文化设定物"，而的的确确是电子。即便无法直接可观察到而是通过实验证明的物理对象，也必定现实地存在于物理学的对象域中。它们并非有用的假说，而是与能够以科学方式得到研究的事实相关联的对象。

---

① 希拉里·普特南：《科学时代中的哲学》，第41、42页。

这个道理经过必要修改（mutatis mutandis）也适用于一切真命题，无论它们源自哪一种科学。当我们说"歌德是《浮士德》的作者"这句话为真时，这不是日耳曼学中的有用的虚构。这里，我们没有为了让诠释变得更简单一些而虚构出一个名为"歌德"的人。歌德存在，且他是《浮士德》的作者。从中首先并不能得出很多信息。歌德也与现实的模式甚或某一世界图景里的基本材料无关。歌德说白了就是一个人，他在某一特定时期在欧洲大陆上生活过，并且是《浮士德》的作者。

此处或许有必要再来谈一谈建构主义的问题，因为这个问题与 146"世界图景"有很深的渊源。尽管存在众多不同版本的建构主义，但无论是哪一种建构主义似乎都总是以下述思路为基础：让我们想象一颗绿色的苹果。好，现在我们人类看到一颗绿色的苹果。在我们的世界图景中有绿色的苹果。现在让我们想象有一只黄蜂在嗡嗡作响地围绕着这颗苹果打转。这只黄蜂是否也看见一颗绿色的苹果呢？或许黄蜂眼里的颜色与我们完全不同，毕竟它的眼睛与我们不同。或许它根本没有看见苹果。我们从何得知，它如此这般整理着自己的感觉印象，以至于一颗苹果对它显现？更别说是一颗绿色的苹果了？让我们再想象有一只海豚，它接收到被我们视为一颗绿色苹果的对象的声呐图像。难道我们——人类、黄蜂、海豚——不是都只看见（或接收到相关的声呐图像）我们自己的世界、我们自己的对象，而从来就无从得知事物自在的样子吗？若这适用于我们的感觉印象，那么它难道不也适用于我们的自然科学吗？因为即使我们使用了某些特定的仪器，我们通常在进行自然科学研究时也仍需依赖于我们的感觉印象。为了能使用仪器，我们总还是需要用到自己的感觉印象，后者无法被前者所取代。通过上述推导，建构主义得出如下结论：每个人都只看见自己的世界，而从未看见自在之物。

147   **实在论**（REALISMUS）则针锋相对地提出：若我们的确能认识到什么，那么我们认识到的就是自在之物。**科学实在论**（WISSENSCHAFTLICHER REALISMUS）则相应认为：我们借助科学理论与科学装置认识到自在之物，而非仅认识到我们所建构出的对象。

新实在论意图实现一个早已出现但当时还未能为自身提供证明的同名计划。[①]因为完善实在论的重大进步首先是通过希拉里·普特南的努力在20世纪下半叶才达到的。关于"实在论"这一术语究竟该如何理解以及哪些观点与其最紧密地相关，哲学史上有许多不同的看法。哲学概念与其他一切概念一样，在我们考察该概念的对照项时能够最为清晰地得到理解。在我们的语境中，实在论最重要的对照概念并非如许多读者或许会认为的那样是观念论，而是唯名论——它是现代建构主义的一个重要先兆。

唯名论（NOMINALISMUS）认为，我们的概念或范畴不是对世界自身结构与划分的描述或反映，相反，我们人类从周边环境与我们自身中得出的一切概念都只是普遍化的结果，是为了增加我们的存活几率。根本不存在所有马都隶属于其下的马的普遍概念，而

148 只有许许多多单个的物，我们每每以简化的方式将它们称为"马"。概念最终只是空洞的名字，而唯名论也是以这种方式得到自己名字

---

① 参见艾德文·毕塞尔·霍尔特（Edwin Bissell Holt）、瓦尔特·泰勒·马尔文（Walter Taylor Marvin）、威廉·佩普雷尔·蒙塔古（William Pepperrell Montague）、拉尔夫·巴顿·佩里（Ralph Barton Perry）、瓦尔特·博福顿·皮金（Walter Boughton Pitkin）、爱德华·格里森·斯伯丁（Edward Gleason Spaulding）：《新实在论：哲学中的合作研究》（*The New Realism: Cooperative Studies in Philosophy*），纽约，1912年。

的——"nomen"是拉丁语中"名字"（Namen）的意思。但如果我们的概念只是对世界的简化——也就是一切林林总总的现象（例如星球、马或蛋白质）的空洞的代表——那么我们便再也无法设想对象本身的结构是如何的。因为我们加诸对象之上的结构都不是真正必然的。我们可以拿一颗红苹果的结构来当例子。说"苹果是红色的"意味着苹果是有颜色的。它是有颜色的，这包含在苹果的结构之中。否则它不可能是红色的。但是还存在其他一些有颜色的对象，例如一些绿色的苹果。那么这就直接说明，一个对象能够拥有其他对象也拥有的结构。该对象的结构在此意义上便是普遍的，即，它不仅适用于这一个对象。但是若一切普遍的结构都只是我们用无实质的、空洞的言辞进行指涉的简化，我们便再也无法设想存在着红苹果与绿苹果了。

　　通常情况下，实在论认为我们所使用的一些概念，例如爱、国家、抽象概念的概念这类抽象概念，并不是我们用来简化事情本身的单纯空名。相反，那些我们可以借助概念进行描摹的结构是真实存在的。美国哲学家蒂奥多·塞德尔（Theodore Sider）便是在此背景下正确地为下列观点辩护：新实在论的观点，即的确存在着许多结构，是具有普遍适用性的。塞德尔在他的著作《书写世界之书》 149 中将这一立场——即**结构实在论**（STRUKTURENREALISMUS）——戏称为"无脑的反射实在论"（hirnlosen Reflexrealismus），因为他根本想不到有谁会真的去质疑这一立场。[1]通常来说，实在论就意味着认为存在着某些并非出自我们的想象的结构。当塞德尔再次为一

---

[1]　蒂奥多·塞德尔：《书写世界之书》（*Writing the Book of the World*），纽约，2011年，第18页。

种站不住脚的唯物主义一元论（这绝非结构实在论的必然结果）辩护时，新实在论则主张以下两个观点：首先，我们能够认识自在的事物与事实；其次，这些自在的事物与事实并不属于一个单一的对象域。不仅存在物质对象，还存在例如逻辑规则与人类知识，我们能够认识到它们一如我们能够认识到物质对象。我个人版本的新实在论，是意义场存在论。意义场存在论主张，一切我们所认识到的东西都显现在意义场中。新实在论因此在塑造实在的概念与认识的概念时不再遵照唯物主义一元论的方法，因为后者对存在论的理解几乎完全落后于整个哲学史，它首次以极佳的论证业已在柏拉图的《智者》与《巴门尼德》，或更为明确地在亚里士多德的《形而上学》中被驳倒了。

在《法兰克福汇报》2012年4月4日的一篇文章中，托马斯·蒂尔（Thomas Thiel）报道了首次在德国举办的"新实在论"研讨会。蒂尔在文中质疑我的立场是否能够证明比如下观点更多的东西，即我们认识到一种单一的自在之物，也就是存在着许多事实这一事实。否则的话，建构主义也就不算什么有争议的东西了。因为或许我们最终只能认识一个单一的事实、一种单一的自在之物——而这样的认识实际上相当有限。若此外其他一切都被证实为只是人类的建构，那么建构主义就几乎胜利了。

为了让各位看到实际情况并非如此，为了证明我们必然能够认识到相当多的自在的事实，我们必须再次审视时下最经常用来支持建构主义观点的论据。我们将会发现，不难将该论据与新实在论相融合，并且该论据根本不会导向建构主义主张的结论。也就是说，建构主义的主要论据并不能导向建构主义所预想的结果。

这一论据建立在人类感觉生理学（die menschliche Sinnes-physiologie）的基础上，并且自希腊古典时期以来便涌现了许多不同的版本。[1]古代版本与当代版本的建构主义间的区别仅仅在于，我们今天对人类感觉生理学的认识比过去要深刻得多（但这并不是关键）。建构主义的观点始于对下述明摆着的事实的确证：我们对身体周遭物理环境的一切认识，都是通过对神经末梢的刺激所产生的信息进行加工所得到的。我们看、听、闻、尝、感受到的世界总是被看、被听、被闻、被尝、被感受到的世界，也就是说，总是被我们所登记的世界。通常而言，由此所引发的所谓问题可以借助对人类无比重要的视觉来阐明。让我们想象我们看到了一颗在果盘中的苹果。在该情形中，所谓的光子亦即电磁辐射触动我们的眼睛。这些辐射会转化为电脉冲，后者在我们头脑的某处形成一幅视觉图像。尽管在我们颅骨下所发生的一切都是晦暗不明的，但无论如何电脉冲仍产生了刺激，后者在我们的视觉皮层中被感知为图像。一些哲学家将这些图像称作"心灵表象"。我们实际上所看到的，因此也不是果盘中的那颗苹果，而是一幅心灵表象。人们将上述立场相应地称作**心灵表象主义**（MENTALER REPRÄSENTATIONALISMUS）。因此，我们实际上并没有看到一颗果盘中的苹果，而只是停留在我们颅骨的晦暗不明中，在其中通过电脉冲而产生出了我们所看到的世界影像或视觉戏剧。这一世界影像帮助我们在外部世界中辨明方向，而这一外部世界实际上只是由无色基本粒子及其在更高宏观层面组成的东西构成的。如果我们能够用"上帝之眼"去看自在之物，一切看起来都会

[1]　关于该问题的史前史可参考我的另外两本书：《古代的与近代的怀疑论导论》（*Antike und moderne Skepsis zur Einführung*），汉堡，2008年；《古代的怀疑论与观念论》（*Skeptzismus und Idealismus in der Antike*），美因河畔法兰克福，2009年。

显得十分惊悚。在原本被我们感知为一颗苹果的地方，我们只会看

152 到振动的基本粒子。但这样远远不够，因为我们既看不见苹果也看
不见有颅骨的身体。特别是，我们同样无法再认识心灵表象、视觉
图像。这些图像因此将会像象鼻鱼的气味图像、声音图像、电图像，
或者海豚的声波图像那样只是一种由我们的大脑或毋宁说是由基本粒
子引起的幻觉。因为我们的大脑同样也只是我们大脑中影像的元素。

　　然而我们究竟从何得知我们有大脑呢？我们从何得知人类的感
觉生理学是如何运作的呢？我们接触我们的大脑与我们的感觉生理
学的唯一途径是通过我们的感官。当我们只能通过五种感官（经过
某种组合）了解关于外部世界的某些东西时，那么这将同样适用于
我们的感觉生理学与大脑。因为我们总是在镜子中或者借助复杂的
技术性的登记才看见我们的大脑，而永远无法通过退回到颅骨后方
来确定在那里的晦暗不明的地方的确有一个大脑。若一切呈现于我
们意识屏幕上的元素都只是幻觉，那么大脑连同意识也不过是一个
幻觉。若世界或外部世界都只是一种感觉数据的建构，那么这种说
法本身也不过是感觉数据的建构罢了。一切都消失在一个巨大的
（幻觉性的）旋涡的深渊中。在这一状态下我们不仅无法认识自在之

153 物，甚至一切我们所认识到的都成了幻觉。根据心灵表象主义，大
脑与心灵表象都不存在。所有这些对象都被证明为只是幻觉。

　　上述对心灵表象主义以及感觉生理学建构主义的有力（虽仍有
些粗糙）反驳还可以通过一个更精妙的论证得到加固。若感觉生理
学建构主义是正确的，那么在我们视野中的一切对象都将只是幻觉。
然而这样一来，对我们而言幻想与正常感知之间便不再有区别。我
究竟是**看见**一颗苹果还是**幻想出**一颗苹果将不再有区别。因为即
便是被看见的苹果最终也不过是大脑（或随便什么东西）经由神经

刺激（或任意刺激）而激起的一种幻想。一切科学测量工具也是如此——都不过是幻想。人们因此再也无法区分心灵表象的真与假。一切都是真的，因为一切都是由神经刺激所产生的，一切也都是假的，因为没有一幅心灵图像呈现了自在之物。但是，我们不论在真正的生活中还是在单纯存活下去的过程中都乐于区分并且多半能够成功地区分幻觉与我们实际感知到的现实事物。这意味着，在我们的颅骨之下最终完全同质的视野绝不可能是同质的。心灵表象的内容并非无关紧要。当我感知到一颗绿色苹果时，那里的的确确也有一颗绿色苹果。相反，当我幻想出一颗绿色苹果，或当我直视太阳后在一面白墙上"看到"彩色的余像时，那么我面前就没有一颗绿色苹果，而这幅余像也不在白墙上。

154

我想推进到如下思想。当我们事实上感知到在果盘中有一颗苹果时，我们感知到的是一颗在果盘里的苹果而非其视觉映像。我们都知道，许多不同的人都能感知到同一颗苹果。然而它在每个人眼里都有所不同。

然而必然存在某种现实的基底层吗？情况难道不是，存在着自在之物，只是它们以不同的方式对人显现吗？我能感受、尝、嗅、看、听到（当我鼓掌时）我的左手。因此必定存在一个自在之物，即我的左手，它不同于其形形色色的显象。

新实在论对此反驳道：我的左手并非不同于它时而这样时而那样所显现的样子。我可以现在从这里看我的手，还可以从另一角度看我的手。我为何非得认为要么我根本没有手，要么我的手与我从这里还是那里看它完全无关？关键在于，自在之物恰恰以不同方式显现着。这些现象自身就是自在之物。这取决于它显现在哪一个意义场中。显现方式的多样性不是幻觉。现实不是由独立于显象的硬

155

事实构成，而是同等程度地由自在之物以及其显象构成，此间的显象同样也是自在之物。我的左手对我所显现的方式，与我的左手本身同样真实。自在之物总是只显现在意义场中，这意味着，它们业已被嵌入事实中。即使我们只是看到一幅映像或幻想出一颗绿色的苹果，这也与事实有关，例如"我们幻想出一颗绿色的苹果"这个事实。"幻想出一颗绿色的苹果"并不等同于"我们幻想出'我们幻想出一颗绿色的苹果'"。

在这一背景下，新实在论主张，每一个为真的认识都是对自在之物（或自在的事实）的认识。一个为真的认识不是幻想或幻觉，而是事情本身的显象。

但是或许有人会质疑说，观看的形式与品尝的形式难道不都只是一种投射或至少是一种过滤器，由于它们的存在，自在之物不总是以扭曲后的形式向我们显现吗？让我们假设，我们能看到苹果如何摆放在果盘中，我们能通过二者的空间位置把苹果与果盘区分开来。然而我们从何得知苹果确实区别于果盘呢？或许当我们无法以空间的方式来进行区分时，两个物体间的区别（这种区别离开了空间性的区分行为就变得无法认识）就会完全不存在？康德正是如此看待这个问题的，他因此得出了以下荒谬的结论：自在之物不在时空之中。仿佛月亮之所以能被区别于地球只是因为它们在我们眼中是如此！

> 所以我们早就要说：我们的一切直观无非是关于显象的表象；我们所直观的事物不是自在之物本身，我们既不是为了自在之物而直观这些事物，它们的关系也不是自在地本身具有如同它们向我们显现出来的那种性状，并且，如果我们把我们的主体，哪怕只把一般感官的主观性状取消掉了的话，对象在空

间和时间里的一切性状、一切关系，乃至于空间和时间本身就都会消失，并且它们作为显象不能自在地存在，而只能在我们这里存在。[①]

这段话里的许多内容都值得质疑。什么叫时间"只能在我们这里存在"？难道"在我们这里"（in uns）不是指某个地点因而是空间性的吗？难道"我们"（uns）不是时间性的吗？难道"我们"不是指昨天、今天并且但愿还有明天都存在着的我们吗？

主观真理

建构主义是荒谬的，但通常人们都未能认清它。因为我们早已习惯认为周围一切与我们有关的东西都或多或少是文化上的建构，至多也只有自然科学能够描述自在之物。这种观点毫无疑问将所谓的人文科学带向了更加困难的处境。因为若它只与文化建构有关，真与假之间的区别也就消失了，对一首诗歌或一个历史事实的诠释将成为任意性主导下的幻觉。洋洋得意的建构主义者如此说道："每个人都有自己的《浮士德》或十一月革命！一切不过都只是感知的问题。"

在我们上文曾提及的塞德尔的著作《书写世界之书》中，他提出了一个结合了新实在论与一丝丝建构主义的恰当判断。为此我们可以稍微修改一下塞德尔最爱的例子。让我们从一个最简化的世界开始，它恰好由两个分离的部分组成，其中一边是黑色的，另一边是白色的。

157

---

① 伊曼努尔·康德：《纯粹理性批判》，第106页，A42/B59。（中译参见康德：《纯粹理性批判》，邓晓芒译，杨祖陶校，人民出版社，第42页，2004年。译文有改动。——译者注）

在这个被我称作"塞德尔世界"（如图6所示）的世界中存在着一些事实：1.存在两个半边，一边是黑色的另一边是白色的；2.它们各自具有特定的大小。塞德尔将这两个描述了世界之事实的命题称作"沿着分界线行走"的命题。让我们选出两个命题：

在塞德尔世界中存在两个半边。

以及

左半边是白色的，右半边是黑色的。[1]

图6　塞德尔世界

158　　　两个命题都符合沿着塞德尔世界的分界线划分出的差异。但我们现在也能发明一种对角性的语言。对于这种对角语言（Diagonalsprache），我们可以求助于美国哲学家尼尔森·古德曼（Nelson Goodman）在讨论中引入的谓词。[2]就拿下面这句话来做例子：

---

[1]　原文误为左半黑色右半白色，现予以更正。——译者注
[2]　对此可参见尼尔森·古德曼：《事实、虚构、预言》（*Tatsache, Fiktion, Voraussage*），美因河畔法兰克福，1988年。对他的哲学观点的最佳概览可参见他的作品《制造世界的方式》（*Weisen der Weltzeugung*），美因河畔法兰克福，1984年。

这个长方形是黑白色的（schweiß），也就是说既是白色又是黑色的。

该谓词以及相似谓词都被我称作**对角谓词**（DIAGONAL-PRÄDIKATE），因为它们都以对角的形式横穿过塞德尔世界：想象我们从塞德尔世界中剪裁出一个对角长方形，它一部分在白色部分里一部分在黑色部分里（如图7所示）。

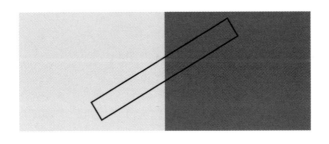

图7

我们可以用对角语言将剪裁出来的长方形称作"黑白色"，因为每个部分黑色部分白色的对象都可以**根据定义**被称为"黑白色"的。　159
在对角语言中有谓词"白色""黑色"，但也有"黑白色"。塞德尔继而指出，"黑白色"这种说法有一个问题。古德曼——建构主义在美国的一位主要代表人物——为了证明一切谓词都是同样好的，只要它们以能构成真命题为前提，而引入了对角谓词。显然，"对角长方形是黑白色的"是一个真命题——然而"黑白色"却是一个不恰当的谓词。塞德尔完全合理地坚持这样的观点，"白色"与"黑白色"之间存在区别："白色"是对塞德尔世界的结构的一种恰当的把握，但"黑白色"是一种人类的投射。

为了进一步说明这个道理，让我们再引入另一个对角谓词，尽管它可以构成一个关于我们的世界的真命题，但它本身却是全然不恰当的：

X是一只猫（Katze）或布姆卡（Pumuckl）。

160　　　一些是猫的对象与一些要么是猫要么是布姆卡的对象重合。为了方便理解，我们还可以将这一命题改写为对角语言：

X是一个猫姆卡（Katzumuckl）。

让我们再加上下面这个命题：

要么是猫喝牛奶，要么是布姆卡喝牛奶。

只要猫喝牛奶，这便是一个真命题。即使布姆卡从未喝过牛奶，该命题依然为真。我们可以以这种方式建构一个关于猫姆卡的真命题，例如："猫姆卡喝牛奶。"尽管如此，在通常的谓词与对角谓词之间存在一种根本上的差别。塞德尔指出，并非一切对象都与一切对象相称。电子与电子相称，但个与猫相称，因此我们没有"电猫"这种词。

如"黑白色""猫姆卡""电猫"这类谓词都是全然武断的，尽管它们能构成真命题。在对角域（diagonaler Bereich）中存在"黑白色"的对象或"电猫"这样的造物，人们因而能够提出与它们相关

的真命题。塞德尔由此得出结论，新实在论（他本人对此的描述与
我不同并且从中引出了不同的结论）可以与某种程度的建构主义相
调和。只不过建构出来的东西是全然任意与错乱的产物，即使它们   161
也能构成真命题。然而，我们不应因为存在一些任意的建构和臆想，
便认为一切都只是建构或臆想。

　　塞德尔在他的书中的另一处又引入了一个新的差别：我们还可
以将对角语言与人类的主观性区分开来。对角语言只回应我们对任
意性的需求，它允许我们根据意愿来引入可能为真的谓词并借此构
想出许多不同的语言游戏。我们可以由此将其与主观谓词区分开来。
主观谓词（SUBJEKTIVES PRÄDIKAT）里的"主观"不是指私人的，
亦即只是我的或只是你的谓词。相反，主观谓词是指某个特定共同
体（例如人类）内部所有主体都使用的谓词。其中或许包含了下列
谓词：

　　今天是一个美妙的春天的早晨（Frühlingsmorgen）。

　　人们感到春天的早晨非常美妙，即使有时在美妙的春天的早晨
也会发生糟糕的事。我们对一个美妙的春天的早晨的感觉，我们对
春天的感觉，或许已经根深蒂固地存在于我们的物种历史中了。它
诚然是客观的，它基于我们的动物性结构而与我们人类有关，但它
却并不必然沿着分界线切割，也许还存在其他类似物种也一样有对
春天的感觉。在塞德尔世界里，这个命题可以用一个我们在塞德尔   162
世界的右半边剪裁出的黑色圆圈来表示，它是客观的且不是对角性
的，但它并非完全恰当（如图8所示）。

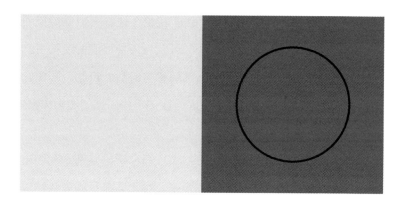

图8

这个圆圈并没有从分界线的位置将塞德尔世界一分为二,但是它比对角谓词更为客观。换句话说:存在许多建构、幻觉、任意性,甚至真理的亚种。建构主义过度简化了一切,它只接受现象的单一一种形式,并且将这个形式解释为不同大脑(人类大脑就与海豚大脑不同)、不同人类语言或者社会经济因素的产物。

与此相反,新实在论认为存在着主观真理,也就是一些只有借助特定登记方式才可通达的真理。这些特定登记方式是我们的人类163 主体或者人类与一般动物主体性的各类形式所特有的。但这既不意味着这些形式都只是武断的幻觉或都是虚假的,也不意味着我们无法沿着分界线认识事物,亦即无法认识到事物自在的样子。

林中路

建构主义在人类认识与科学的几乎一切方面肆意破坏。每当我们遇到"世界图景"这一概念时,我们必须意识到自己已经触碰到建构主义的领地了。海德格尔早已在他的文章《世界图像的时代》

（"Die Zeit des Weltbildes"）中指出过这一点：

> 所以，从本质上看来，世界图像并非意指一幅关于世界的图像，而是指世界被把握为图像了。这时，存在者整体便以下述方式被看待了，即，唯就存在者被具有表象和制造作用的人摆置而言，存在者才是存在着的。[①]

当我们将世界表象为某个我们可以对其形成一幅图像的东西时，借助这一隐喻我们已经假定了世界与我们相对而立，假定了我们所形成的这幅关于世界的图像能够被拿来与世界本身进行比较。当我们在使用诸如"理论"或"模型"这类表述时，我们经常也暗示同样的观点。一个关于世界的理论，乃至"万有理论"（Theorie von allem）出于许多原因根本不可能存在。其中最简单的一个原因——正如海德格尔所指出的——在于：世界并不是表象的对象。我们无法从外部观看世界并随后自问，我们的世界图景是否与世界相称。这有些类似于一个人想要拍下包含相机在内的万物的相片。然而这是不可能的。因为当相机出现在相片中时，被拍摄到的相机并不完全等同于拍摄了这一切的相机本身，如同我的镜像并不完全等同于我自身。每一幅世界图像都至少是在世界内部的关于世界的图像，亦即一幅世界对自身所形成的图像。

此外我们也已经知道，这一措辞本身便是错误的。因为作为总域、作为包含了一切意义场的意义场的世界，根本不存在也无法存

164

[①] 马丁·海德格尔：《世界图像的时代》，载海德格尔：《林中路》，美因河畔法兰克福，1977年，第89、90页。（中译参见海德格尔：《林中路》[修订本]，孙周兴译，上海译文出版社，2008年，第78页。——译者注）

在。因此世界图景的基本思想是荒唐的。一切世界图景都是错误的，因为它想要成为某种不存在的东西的图景。即使人们说，世界图景尽管无法提供一个完整的综观，但毕竟还是能提供某些特定的视野，世界图景依然是失真、片面的，因为人们永远无法借助世界图景形成一幅关于世界的图景，至多只能形成一个局部世界的图像，而这通常还导致了在这一片面的基础之上草率地进行普遍化。

建构主义的出发点似乎无可怀疑，即我们的理论与模型都是由我们建构起来的。人们将这些理论看作加在世界上的网，以便确定
165 世界多大程度上陷入了这些网中。但在此过程中人们忽视了一个非常简单的思想，这一思想乃是新实在论的核心：源自实际性的论据。[①]

实际性（FAKTIZITÄT）意指这样一种情形，即根本上有某些东西存在。这一情形是一个实际状况、一个事实。**源自实际性的论据**反对建构主义，认为建构主义忽视了这样一点，即它诉诸一些并非建构出的事实。这些事实涉及建构主义自身。因为建构主义所关涉的不是香蕉或城际快车，而是建构主义自身，所以它必须满足一些事实：它想要成为一个包含了某些陈述的理论，尤其是这一陈述，即一切理论都是被建构起来的。在这一框架下，建构主义通常主张，某些特定的事实仅仅是相对于某个知识体系而言的，无论该知识体系是一个信念体系、一种登记还是某种具有特定形式的结构。也就是说，建构主义一般主张：

---

① 可参见保罗·博格西安（Paul Boghossian）:《对知识的畏惧：反对建构主义与相对主义》（*Aus Angst vor dem Wissen. Gegen Konstruktivismus und Relativismus*），柏林，2013年；甘丹·梅亚苏（Quentin Meillassoux）:《有限性之后：论偶然性的必然性》（*Nach der Endlichkeit. Versuch über die Notwendigkeit der Kontingenz*），苏黎世/柏林，2008年。

特定事实T仅仅是相对于某知识体系S而言的。

例如神经建构主义主张，在我们面前显现为五彩缤纷的世界仅仅是相对于人类机体，尤其是相对于我们的大脑而言的。若不存在某种形式的大脑，这一切就不会是真实的。例如我正——又一次——坐在从奥尔胡斯前往哥本哈根的火车上，窗外正下着雨，火车二十分钟前驶过一片深绿色的草场与金黄色的油菜花田。倘若当我在写作这几行文字时所有大脑都从宇宙中消失了，那么按照建构主义的看法，上面这个句子就变成错误的了，因为根本不存在行驶中的火车与深绿色的草场。**诠释学建构主义**（HERMENEUTISCHER KONSTRUKTIVISMUS），亦即关于文本阐释的建构主义，会以不同的方式主张，《浮士德》没有独立于其读者而存在的含义。对《浮士德》中是否有女巫的回答，也只会是相对于特定阐释而言的事实。

现在我们可以来问一个简单的问题，是否可能存在一种普全的建构主义？亦即这样一种建构主义，它主张**一切**事实都只是相对于需要更具体地加以规定的知识体系而言的。然而事实上，那些不加区分地断言**一切**都是相对的，或者断言我们只能对世界形成一幅图像、形成一种模型和理论的人的确存在着。这样一来，建构主义所主张的那些事实自然也都只是相对于特定体系、相对于建构主义自身而言的。而这便意味着我们得到了下述关于无限事实的层层嵌套的情形：

｛［（T相对于S而言）相对于S而言］相对于S而言｝相对于S而言……

166

在这一模型中不可能存在一切都相对于它而言的东西。一切都
是相对的，然而情况却不可能是，所有如此这般的相对者是相对于
某物、相对一个最终者而言的。相对者的无限链条仿佛系于空中。
然而普全建构主义（universale Konstruktivismus）的观点应该是：一
切都是相对而言的。但是当我们发现并不存在一切都相对于它而
言的东西时，我们便得出了一个唯一的、无限嵌套的事实。而"存
在一个无限嵌套的事实"本身自然也是事实！这里并没有又出现一
个关于无限嵌套的无限嵌套。一般而言人们并不会真的推进到这种
程度。

一言以蔽之："一切都是建构的"这一事实必然在某一时刻带来
一个非建构的事实。若它本身也是建构的，则全称命题"一切都是
建构的"便无法兑现，因为不存在一个关联系统的整体，不存在那
样一种"一切"，人们可以声称这种"一切"是相对于某物而言的。

这一认识，即建构主义出于上述理由是错误的，是一个对自在
之物的认识，也就是对一个自在的事实本身的认识。当我们对事实
进行哲思并成功取得某些结论时，我们认识到的是事实，这一事实
与猫和床垫、蛋白质和光子之间存在的差异同样客观。

源自实际性的论据因而将我们引向一种理性的实在论，这种实
在论认为人类理性自身具备可被科学地探究的事实结构。因此所谓
的"外部世界"，或曰"宇宙"，不再是具备特权的事实域。简而言
之，当我思考着正在下雨这样一个真实的想法时，存在着两个事实：
第一，正在下雨；第二，我思考着正在下雨这样一个真实的想法。
事实因此并不像科学世界图景倾向于认为的那样，只存在于"世界
这一边"，而是同样也存在于与"世界这一边"的事实产生对待关系
的一边。即使不存在任何物质对象，也存在着事实——即不存在任

何物质对象这样一个事实。

我们可以从源自实际性的论据中得出如下结论：我们根本无法逃避实际性。始终存在着非建构的事实。我们的任务在于去认识这些事实具体是什么。此外我们在日常生活中的行为举止也表明，我们早已预设了理性的实在论。为了更好地解释这一点，让我们再次想象下述日常情境：现在是午休时间，我们在思考今天在食堂该吃什么。为了得出结论，我们权衡了几种选择并做出如下思考：因为我昨晚已经吃过鱼了，而且食堂通常只供应不健康的烤鱼片，所以今天我更倾向于去沙拉吧解决午餐，至于煎香肠，我也不作考虑。随后我从面前的几种选择里为自己打了一盘沙拉。其间我偶遇供职于某部门的几位同事，接了几通电话，心想着即将到来的下班时间。这一切都是属于午休这一意义场的事实，所有在此获得的认识都是关于自在之物或自在的事实的认识。没有人会在这一情形中真的认为，基本粒子相比我们的思维或沙拉吧的颜色更加客观、真实、符合事实。因此，以实在论之名人为地抬高某种特定的事实是毫无道理且错误的。因此新实在论坚持要不带成见地去研究存在之物。我们不应受制于任何（无论是古代的抑或近代早期的）传统世界图景而认为只有像"宗教"或者"科学"那样的所谓权威所许可的东西才是"现实的"或"存在着的"。许多无法以自然科学的方式进行研究的东西都是真实的。不仅如此，在自然科学中也或多或少存在许多不过是幻觉的对角谓词，这些对角谓词通过科学的进步而被清除了。西格蒙德·弗洛伊德（Sigmund Freud）在他有趣且深刻的著作《诙谐及其与无意识的关系》（*Der Witz und seine Beziehung zum Unbewußten*）中诙谐地指出了这一点（他指出这一诙谐调侃的原创者是格奥尔格·克里斯托弗·利希滕贝格［Georg Christoph

169

Lichtenberg])。哈姆雷特在一处著名台词中曾说："在天空中与大地上有比你们的书本知识所能想象到的更多的东西。"——这正是一个对科学世界图景的经典批评。然而还应该加上："但在书本知识中也有许多天空中与大地上所不曾有的东西。"①

科学与艺术

170 科学世界图景预设了一种特别的人类形象。这种人类形象认为，理想化了的科学家是彻头彻尾的理性存在。理想的知识生产过程大概被设想为如下情形：科学家面对某一未知现象，例如一种疾病，并提出一套假说。随后他通过方法上可控的程序（亦即其中每一个步骤可重复，并且为其他科学家所理解）要么证成要么证伪这套假说。该方法的创始人是笛卡尔，他主张我们在自己的一生中至少要有一次将一切都纳入怀疑之中，并由此得出全新的、纯粹理性可证成的知识基础。随后人们应该在理想化的科学进程中通过完全中立的假说方式得出一套世界图景。

  若人们以上述方式理解科学与人类理性，那么我们的一切信念就都仿佛是亟待科学检验的假说了。然而我们的大部分信念压根不是这种亟待科学检验的假说。例如当我们和别人约会并相信对方会渐渐爱上自己时，我们并未提出一个科学假说并随后以科学方法检验事情是否的确如此（好吧，也许你已经这样做了，但很可能你只

171 有一次机会）。政治与美学的判断和信念同样如是。但这并未吓退今日的研究者，他们依然在尝试做这类事情。

---

① 参见西格蒙德·弗洛伊德：《诙谐及其与无意识的关系》，美因河畔法兰克福，2010年，第87页。

现如今为了确定好的艺术作品究竟是怎么一回事，有些人甚至开始着手研究人们在诠释艺术作品时的脑神经进程。一些研究者认为，艺术品的意义在于让我们感受到美——而一件艺术作品之所以会令我们感受到美，是因为它在观众或听众那里引发了特定的神经刺激。人们因此可以去研究电影中的特定颜色模式或运动模式与我们神经系统的交互。然而我认为，这或许能达到某些其他的目的，但却不能真正帮助我们理解艺术作品。在我们试图理解毕加索的蓝色时期的意义时，诞生于该阶段的作品是否令我们喜欢、是否对我们的身体产生了影响、是否令我们感到愉悦并不是主要因素（其实现代艺术通过一种有关丑、扭曲、诡异和恐怖的美学已经破坏了这一目标）。为了能理解毕加索，人们需要具备一定程度的艺术史知识、创造性的想象力以及对新阐释的开放态度。总的说来我们可以断言，现代艺术竭尽全力地反对科学世界图景。几乎所有的审美运动与艺术家都借助自己的作品表达了对下述立场的反对意见，即，艺术最终可以被还原为自然科学进程。比如，我们可以看看杰克逊·波洛克（Jackson Pollock）1949年"行动绘画"（action paintings）系列中的第8号作品。　172

　　人们第一眼或许会认为，这些不过是特定的彩色背景上的彩色泼墨。如果这么理解，波洛克该时期所有的作品就都没有区别了；人们由此也只能完全从主观角度去判断自己最喜欢哪一幅画，而喜好与否的原因则可以由神经科学来研究。但是，谁若以该方式诠释波洛克的作品，便不可能理解自己眼前之物。因为这些作品是动态变化的，它们可以从复杂多样的角度来诠释。为了能理解"行动绘画"（而不仅仅是去发现美感），人们可以追踪一种特定的颜色，仿佛以从左往右的方式来阅读这条颜色。例如人们可以将注意力集中于黑色并跟随它在画中的踪迹。我们的全部印象此间开始闪动，而黑色的泼墨与偶然的线条随之逐渐开始变得有意义起来，它们在运动着。现在人们可以转变视角并开始跟随绿色线条的踪迹——或者可以直接关注背景本身并从其他方向阅读这幅画。当人们在欣赏一幅古典具象画时也可以采取上述做法。因为任何一幅画都涉及画布上的颜色，而颜色本身的组织形式展开了一个意义场。

波洛克可谓是创作出了一幅元绘画（Metagemälde），它向我们展示了我们究竟是如何品鉴艺术作品的：我们跟随颜色的轮廓，在理解其意义的过程中穿越过许多不同的层次，斟酌它们的意涵，为此我们动用了艺术史的背景知识与自发的感想，并与他人讲述与讨论自己的感想。这一理解的过程绝非纯然任意的，但却是自由的。对艺术作品的理解之自由在于，我们在理解某个东西的同时还体验到我们是如何理解的。[1]

对个体的或政治性的决断，抑或对艺术作品的理解，无法以纯然生物学或数学的方式进行描述，但它们也并非全然任意或只是品位的问题。科学世界图景错误地认为，因为存在着一个本质上等同于自然科学对象域（即宇宙）的享有优先地位的事实结构，因此人之存在的意义可以被忽略。宇宙事实上的确并不关心意义的问题。但是人类以及人类的创造物则不然。

19世纪初的德国观念论者将意义（其意义是需要去理解的）称作**精神**（GEIST）——也是因此，"人文科学"直至今日仍保留着这

---

① 格奥尔格·贝尔特朗（Georg Bertram）所撰写的导论《艺术：一种哲学导论》（*Kunst. Eine philosophische Einführung*）（斯图加特，2005年）能够帮助我们更好、更深入地了解这一理论。对艺术的一般诠释学，可参见君特·费加尔（Günter Figal）:《显现物：作为现象学的美学》（*Erscheinungsdinge. Ästhetik als Phänomenologie*），图宾根，2010年。

一名字。^①精神不是某种单纯心智的或主观的东西，精神描述了人类
理解力的意义维度。人文科学所研究的便是这一维度。为了反对后
现代建构主义过于仓促与精神作别，在今天重新强调精神的作用十
分关键。只是由于某些20世纪的法国哲学家，尤其是德里达，主张
"精神"一词是政治上可疑的范畴，展示了无意识的极权主义，也
无法令人们放弃想要理解波洛克、荷马或者一季《宋飞正传》的愿
望。^②存在着许多能以不同方式理解与诠释的意义场，但这并不意味
着武断。罗马学与物理学或神经科学同样客观与可能为真，并且相
比后面二者，罗马学甚至具有优势，它能更好地帮助我们理解马塞
尔·普鲁斯特或伊塔洛·卡尔维诺。在小说中也存在塑造了自身意
义场的分界线，在对小说的诠释中我们也会陷入对角谓词。

　　科学世界图景建立在对理性的歪曲之上。科学世界图景假定，
我们在一切理解活动中都依赖于提出假说并随后以实验方式去证成
或证伪。这种实验探究的方式在其适用之处有其意义，但它不能照
搬到所有地方。它能帮助我们理解宇宙。然而人类及其对意义的理
解并不显露在宇宙中，只有当我们以诠释的方式接近精神或意义时，
我们才能揭开它的真面目——而这则需要日常的交流手段。海德堡
哲学家，同时也是著名的诠释学家汉斯-格奥尔格·伽达默尔对此
正确地指出："可被理解的存在是语言。"^③这一句引用率极高的话出现
在伽达默尔的代表作《真理与方法》中。他在书中表示，对艺术作
品的解释以及人类世界中的一般理解活动完全不同于我们对自然的

----

① 与中文语境中的"人文科学"相对应的德语词直译过来，便是"精神科学"
（Geisteswissenschaften）。——译者注
② 参见雅克·德里达：《论精神：海德格尔与问题》，美因河畔法兰克福，1992年。
③ 汉斯-格奥尔格·伽达默尔：《真理与方法：哲学解释学的基本特征》，载《伽达默尔作品全
集》第1卷，图宾根，1986年，第478页。

理解。人类对真理的追寻即使没有方法也能成功，而这并不意味着这种追寻的尝试是任意武断或混乱的。

我们并非借助可以普遍化的方法来理解自己的同伴。我们对同伴的理解方式能反映出我们的人格，而我们的人格绝非饮食、睡眠、求偶习惯的总和。毋宁说人格本身接近于一件艺术作品，也正是因此，现代绘画与戏剧早已提出我们是自己的演员或画家。人类是活生生的创造性。创造性、想象力、独创性是人格的表现，它们不能被排除在人文科学与自然科学之外。历史上最伟大、最具原创性的科学家之一维尔纳·海森堡曾写道：

> 时代精神或许与自然科学的事实同样也是客观的事实，精神能表现出某些独立于自身所处时代的时代特征，因此这些特征也是永恒的。艺术家尝试在自己的作品中理解这些特征，这类尝试将他带向某种他工作时的风格形式。
>
> 因此科学与艺术的进程并非全然不同。科学与艺术千百年来共同塑造着一种人类语言，我们通过这一语言能表达出现实中距离我们更为遥远的部分，相关的概念系统与艺术风格某种程度上都是这一语言的词汇或词组。[1]

因此科学世界图景的失败并不在于科学，而在于一种不科学的观点，该观点将科学神化，令它成为一些同样被错误理解的宗教的

[1] 维尔纳·海森堡：《量子理论与其他现代自然科学间的关系》(*Die Beziehungen der Quantentheorie zu anderen Gebieten der modernen Naturwissenschaft*)，载海森堡：《物理学和哲学》，斯图加特，2011年，第135—157页，此处第157页。(中译可参见海森堡：《物理学和哲学》，范岱年译，商务印书馆，1981年，第63、64页。中译本根据英译译出，与此处的译文略有不同。——译者注)

可疑的同道。科学不能解释世界，而只能解释它能解释的，例如分子、日食、小说中的一行字或者一条论证中的逻辑错误。"世界不存在"这一洞见令我们得以再次接近现实并认识到我们是人。人在精神中活动。若人们忽视精神而只关注宇宙，一切人之意义便自然会消失。但这并非宇宙之过，而是我们自己的错误所导致的。现代虚无主义建立在一个不科学的错误之上，即，它混淆了自在之物与宇宙中之物，并将其他一切都视为一个由生物化学机制所导致的幻觉。我们不应被这一错觉蒙蔽。

第五章　宗教的意义

　　哲学用科学的方法探究整体究竟意味着什么这个问题。这个问
题与人类生活之意义的问题紧密相关。我们的人生是否有一个不是
由我们自己所赋予它的意义？是否我们将其与自己的生活联系起来
的意义只是一种人性的、太过人性的投射，一种我们说服自己去相
信的幻觉，以便能够承受死亡、灾难以及我们常常会面临的各种毫
无意义的痛苦经历？

　　哲学有责任提出人类生活之意义的问题。而哲学不应一开始便
认定我们身处一个无意义的物质性宇宙中，而我们只不过是带有智
力的人形机器，或至多只是一群有着宗教与形而上学幻觉的猿族杀
手。所以我们无法直接回答人类生活之意义的问题——它毫无疑问
与宗教的意义紧密交织在一起。首先我们必须考察现代虚无主义所
建基其上的预设，即，一切属人的意义都只是错觉。虚无主义企图
诱骗我们相信，我们只是一群身处冰冷宇宙中的异乡人，而这个宇
宙在一个永无意义的荒凉空间里延伸。

　　当我们自问整体究竟意味着什么时，我们就首先把自己拉到一
个宏远的距离，并仿佛从上面或者从外部来凝视宇宙、世界与实在。
在这种鸟瞰视角中，许多哲学家形成了一个"上帝立场"，在这种立
场中宗教因素已经在起作用了。然而上帝似乎也并未以如此这般的
方式来观看自己的创世活动。这一立场当然是种幻觉。"宇宙""世

界"与"实在"这三个总体概念根本并不指涉任何对象，这些概念企图诱骗我们去相信完全不存在的东西。这与自然数的情况有些许类似：假设我们在寻找最大的自然数。在寻找的过程中我们迟早会有一刻意识到，最大的自然数并不存在，因为我们总是可以借由在原有数字上加上"1"，得到一个更大的数字。形而上学的总体概念同样如是，每当我们以为找到了最大的意义场时，总是存在一个更为无所不包的意义场。

这一思路令我们能体验到一种激进并始终保持开放的创造性，这种创造性原则上不存在边界。总是存在比我们所设想的更多的事物，意义场在任何一个思想上可能的方向上以无限地嵌套的方式扩展，并且这一扩展所遵循的规则无法预先被确定。倘若存在一个明确的规则，指导哪种意义场按照哪种方式接下来显现而出，那么世界便存在。世界，整体，就会恰恰是一切都隶属于其中的那种规则。然而这样一种规则并不存在且无法存在，一如我在关于最大的自然数的例子中所指出的。

在上一章中我们已经看到，自然科学的世界图景是如何失败的。自然科学的世界图景与一个巨大的幻觉有关，它以悖论的方式清除了世界的意义从而为我们提供支柱。这一意义的危机通常被认为与"世界的祛魅"相关，正如伟大的社会学家马克斯·韦伯所指出的。在他1917年于慕尼黑发表的著名演讲《学术作为志业》中，韦伯将现代科学的进步描述为"借助科学以及受科学指导的技术所达到的理智主义的理性化"[1]。这对韦伯来说意味着，我们变得愈加依赖于劳

---

[1] 马克斯·韦伯：《学术作为志业》（*Wissenschaft als Beruf*），斯图加特，2006年，第18页。（中译参见韦伯：《学术与政治》，钱永祥等译，广西师范大学出版社，2004年，第167页。译文略异。——译者注）

动分工的程序，这一程序对于个体而言却是不再能够综观的。现代的生活现实相比近代早期阶段时更加复杂，它几乎完全无法综观，令人捉摸不透。可我们却认为这种生活是理性的，认为我们的社会秩序的根基可以通过科学程序得到保障，且根本而言每个人都能学会并理解它们。只要人们有兴趣和时间，他就能发现一切都处于最好的秩序中。社会在我们的印象中完全操控在专家手里：管理专家、科学专家以及法律专家。这些根本上是幻觉性的或意识形态的看法，正是韦伯所谓的"世界的祛魅"：

180

> 因此，日益增长的理智化与理性化，并不意味着人对他的生存状况有更多一般性的了解。它只表示，我们知道或者相信：任何时候，只要我们想了解，我们就能够了解；我们知道或者相信，在原则上，并没有任何神秘、不可测知的力量在发挥作用；我们知道或者相信，在原则上，通过计算，我们可以支配万物。但这意味着：世界的祛魅。[1]

韦伯此处所言与人们通常认为他所说的相反。他主张的并不是，现代乃是一个透彻可见、完全透明的因而在此意义上祛魅了的世界，而是相反，即，祛魅是一个社会性过程，人们可以用社会学方法进行研究并使其透明可见。祛魅并不是发现宇宙只是一个如霍格雷贝所说的"冰冷的家园"。毋宁说祛魅是一个社会性过程，该过程在于我们认为自己有理由相信这样的假定，即社会秩序是理性的，因为一切过程——并不仅限于可用自然科学方法进行观察的过程——原

---

[1] 马克斯·韦伯：《学术作为志业》，第18页。（中译同上，第168页。译文略异。——译者注）

则上都是可控制的。

我们首先应将上述过程与世俗化区分开来。如今人们通常将世
181　俗化理解为用科学的亦即纯然尘世的解释取代宗教。韦伯以反讽的
方式将祛魅形容为"我们时代的命运"①，人们在这一表达中已经可以
读出韦伯真正针对的是什么。换句话说，他想告诉我们的是：理性
化不是一个在现代已然发生或正在发生着的事实，相反，祛魅是现
代社会中的公民因捉摸不透自己所身处的社会而做出的一种自我描
述。祛魅的发生，是由于我们相信社会秩序的基础是理性——无论
这种理性是否现实地存在。也正是因此，韦伯才在前述引文中再次
反讽地写道："对此的认识或者对此的信仰。"韦伯最终将现代公民
的自我描述判断为是错误的。韦伯毕竟是一位社会学家，社会学家
研究独立于我们的认识而发生的客观进程，在这一点上社会科学与
自然科学并无不同。二者的区别仅仅在于，社会进程并非是在没有
人类——其活动与感知——的情况下发生的，而地球即使没有我们
依然会绕着太阳转。

当我们单纯地"信仰"理性时，一种我们并不认识的过程成
了祛魅的基础。该过程归根结底是社会差异化为各类子系统，没
有人再能综观这一过程。尼古拉斯·卢曼（Niklas Luhmann）试图
182　借助自己的社会系统理论重建该过程。他一再坚持，祛魅这一有
关理性的假设是一个——他再次用社会学式的反讽将其描述为——
"古老欧洲"的遗产。他将这一古老欧洲的遗产称作理性的延续
（Rationalitätskontinuum），后者假定只存在单一的理性的形式，这种
形式的理性将世界作为整体进行概观，并与世界的组织原则共生。

---

① 马克斯·韦伯：《学术作为志业》，第44页。

然而这一假定在存在论层面上是完全站不住脚的，对此我们早已指出过；它实际上是历史留给我们的包袱，我们应该丢掉这个包袱，因为它是错误的。

韦伯或者卢曼自然不是唯一一个发现现代对进步的信仰的人，而科学恰恰赋予这种进步信仰以魔法般的力量。该倾向是一种拜物教的现代版本。**拜物教**（FETISCHISMUS）意指一种将超自然的力量投射到一个人为产生的对象上的行为。这一投射行为的目的在于将自己的同一性整合进一个理性整体中。当人们将自己看作能以某种方式得到理解的整体中的一个部分时，就会倍感安稳。相比这一观念，即我们必须在社会协作中共同为保证一切的不失序而奋斗，另一种认为一切事物都早已被安排妥当的观念或许会令人活得更轻松一些。我们嵌合入其中的这一无垠的整体，通常就是其差异化令我们捉摸不透的社会本身。拜物教将这一结构投射到一个对象上，并借此将自己对自身同一性的个体责任，以及我们终究无法完全掌控的与社会环境的融合统统抛诸脑后。

183

"拜物教"一词源自葡萄牙语词汇"feitiço"，后者包含拉丁语词汇"facere"，意思是"制造"（machen）。"物神"（Fetisch）是这样一类对象，尽管它是人为造成的，但人却欺骗自己它不是人为造成的。然而"科学世界图景"与拜物教的形式又有什么关系呢？这对宗教又意味着什么呢？

法国精神分析学家雅克·拉康引入了一个切中肯綮的表述，他认为人类总是在寻找一个"被假定知道的主体"。他将其称为"sujet supposé savoir"。由此他描述了一个日常生活中十分常见的现象。

让我们想象一个熟悉的场景。我们正骑在自行车上等红灯，马路另一头站着许多行人。我们都假定当绿灯亮起后，我们的行动能与另一方相协调。因为另一方与我们一样都对交通规则十分熟悉，他们会提供给我们或多或少的空间令我们能够穿过马路。这一假定是道路交通维持通畅的前提条件。如果我们必须每时每刻都要想着，每个交通参与者都会以任意的方式来理解相互协调的行动规则，或者随意地违反这些规则，那我们便寸步难行了。毋宁说我们总是在遵守各类不成文的法则，这些法则的适用范围无须明言地总是一再重新得到协商。这其中便包括这样的规则：自行车骑行者应该留意 184 行人，因为他们骑的是金属材质的更结实与危险的交通工具，它可能会对行人造成伤害。而许多行人便由此推出，自己完全有权做出一些危及自行车骑行者生命的行为，因为他们归根结底处于弱势地位。同样的情况出现在自行车骑行者与汽车司机之间、汽车司机与卡车司机之间，因此道路交通事实上更像是一场持久的辩论。众所周知，这种辩论在紧张的日常情境下时常演变为争吵。

　　另一个富有启发性的例子是在超市收银台前排队的情形，以及在不同社会中十分不同的排队方式。在某些位于街角的连锁超市，人们购买商品时需要花费比别处更高的价格，因为这里的队伍更短排队更轻松。对此我们默认自己的邻人、连锁超市、收银员都至少有最低层面的理性与秩序（尽管时常受到日常生活的威胁）。人们付给超市所谓的"保护费"。社会秩序总是依赖于我们假定存在着一个能够看清并积极维护这一秩序的主体。这一主体表现为许多不同的形态：官方的法律条文、警察、国家、女主管、超市经理、领航员，同样包括科学家。这种对一个看管着秩序的匿名主体的假定，是一种我们无法完全摆脱的拜物教的形式。跟随拉康，我们可以将它称作对"大他者"（den großen Anderen）——也就是"老大哥"（Big Brother）——的信仰。

韦伯借"世界的祛魅"这一论题向我们指出，我们将科学置于 185
这样一种地位，即它必须保证社会秩序合乎理性。然而这样一来我
们便对科学所求太多。因为没有任何一种科学研究能够免除我们为
了令我们共同生活的规则能有一个理性的根基而不断去协商的责任。
科学的拜物教化只会促使我们将自身对秩序的渴求与想象投射到那
样一种完全不可能存在的专家意见上，这种专家意见令我们不再需
要去对我们究竟应该如何生活做出决定。

拜物教

有了上述背景，我们便能分清两种不同形式的宗教，而科学世
界图景同样隶属于第一种宗教形式。第一种形式的宗教即拜物教，
它产生了存在一个无所不包的、掌控与安排一切的世界原理的想象。
第二种形式的宗教则不同，它体现了我们对无限的渴求，一如长于
哲学思考的浪漫派神学家弗里德里希·施莱尔马赫在其著作《论宗
教》中对宗教所下的定义。①

施莱尔马赫的出发点在于，宗教的对象是"宇宙，以及人与宇
宙之间的关系"②，在此他将"宇宙"总体理解为人类所置身其中的无
限。施莱尔马赫认为不仅宇宙是无限的，我们对宇宙的看法同样也 186
是无限的。不止存在唯一一种对无限的直观、一种唯一真实的作为
特定的信仰体系的宗教，而是存在着无限多的直观。

---

① 弗里德里希·施莱尔马赫（Friedrich Schleiermacher）：《论宗教：对蔑视宗教的有教养者讲话》
（*Über die Religion. Reden an die Gebildeten unter ihren Verächtern [1799]*），柏林/纽约，2001年，
第80页。
② 同上，第75页。

> 因为每一种对无限的直观都是完全自为存在着的，它们既不依赖于他者，亦不必然派生出他者；因为对于直观而言，存在无限多的直观，并且在它们自身中完全没有附带任何理由用以解释，为何它们是以这样而非其他的方式与他者相关联，而且尽管如此，每一个直观从不同角度或在与不同事物的关联中看去都拥有不同的显象，如此一来，整个宗教就不可能以别的样态实存，除非以这种方式才能存在的每个直观的不同观点被现实地给予出来；这不可能与在无限多的不同形式中有所不同……①

有一种广为流传的偏见认为，所有宗教都与一种教条而片面的世界图景并行，这种世界图景根本上对于其他世界图景缺乏容忍度。与此不同，施莱尔马赫出于宗教对绝对不可把握与理解的无限的趋向而将宗教看作"在判断与观察上最无限制的多面性的能力"②。在第二讲中，他甚至将宗教称作"无神论"③，因为并非一切宗教都是有神论乃至一神论："上帝并非宗教中的一切，上帝是一，而宇宙则是多。"④普鲁士高级审查委员会出于一次意外的疏漏（当时负责此事的审查官生病了）才令这份惊世骇俗的言论得以发表。施莱尔马赫此处并非鼓吹无神论。他只是希望借此提醒人们，我们不能将一般意义上的宗教化约为某些特定的宗教，例如一神教中的犹太—基督—

187

---

① 弗里德里希·施莱尔马赫：《论宗教：对蔑视宗教的有教养者讲话》，第167页。（中译可参见施莱尔马赫：《论宗教》，邓安庆译，2011年，人民出版社，第146页。译文略异。——译者注）
② 同上，第85页。
③ 同上，第113页。
④ 同上，第115页。

伊斯兰传统，因为印度教与佛教作为宗教也都是同等重要的。施莱尔马赫从最大限度的开放性态度中发展了宗教的意义。正是这一态度，即，其他人有权拥有不同看法，存在珍贵的因而应被捍卫的个体立场，事实上成了宗教史上的伟大成就之一。

常伴随宗教历史左右的流血事件，仅是第一种而非第二种宗教的特征。尽管如此，没有任何宗教能够完全摆脱拜物教，无神论亦是如此。对无意义的、纯然物质性的宇宙的崇拜，也带有宗教意味。施莱尔马赫恰恰认识到了这一点。他将"自然主义"明确界定为"在个体意识和个体意志的表象阙如的情况下对宇宙最深处的直观"[①]，这根本上吻合于声称完全是针对这个世界的科学世界图景。而科学世界图景只是众多宗教中的一种，是将意义灌注入整个历史中的又一次尝试。

即使在最多元的社会中允许不同的宗教认同尽可能和谐共存的 188 地方，例如美国或巴西，也不能说有哪个国家是完全世俗化，亦即去宗教化了的。我们可以在尼古拉斯·雷（Nicholas Ray）的电影《高于生活》（*Bigger than Life*）中找到对这一情形的透彻说明。艾德·艾弗里（Ed Avery），一位美国教师，于1956年为了补贴家用而在一个"呼叫中心"兼职。有一天他忽然病倒了。当时发现，他罹患了一种十分罕见的动脉病，这种病只能通过一种叫作"可的松"（Kortison）的药物进行治疗。为了能够活命，他服用了大量可的松，诱发了精神疾病。这种精神疾病发展为夸大妄想症，他变得"高于生活"（bigger than life）了。他陷入一种宗教妄想中并认为他必须要以自己的儿子为燔祭，正如从前亚伯拉罕对以撒那样。尽管他绝望

---

① 弗里德里希·施莱尔马赫：《论宗教：对蔑视宗教的有教养者讲话》，第171页。

的妻子向他指出，上帝在最后时刻制止了亚伯拉罕以人为燔祭的行为，但艾德认为上帝的做法也是错误的，并试图真的杀死自己的儿子，这一行动随后由于他的病发而中断。当他苏醒过来后，看见自己的主治医师诺顿医生（Dr. Norton），还困在妄想中的他又将诺顿医生当作了亚伯拉罕·林肯（Abraham Lincoln）。艾德用混同为医生的亚伯拉罕·林肯替换了《圣经》中的那位父亲，亚伯拉罕。这里的有趣之处在于，导演借这段情节点出了美国政治文化中的潜台词：亚伯拉罕既是宗教创始人，又是美利坚合众国的建国之父之一，后者同样对自己的美国子民并没有多好，艾德所挣的钱还不够养家，从中可见一斑。（这一主题当下同样也出现在杰出的电视剧《绝命毒师》[Breaking Bad]的核心部分，剧中一个天才的但却收入卑微的罹患肺癌的化学老师制作毒品，以便支付自己的医药费，并确保自己的家庭在他死于癌症后能有经济保障。）

尼古拉斯·雷诊断道：美国社会混同了如精神病般的宗教权威、科学权威和宗教权威。一如许多所谓黑色电影（Film Noir）导演（不过当然也有像约翰·休斯顿[John Huston]这样的西部片导演），他指明了美国社会的压迫机制以及治疗机构的阙如。（休斯顿甚至拍摄了一部弗洛伊德式电影《弗洛伊德》，这部电影最初的底本是哲学家让-保罗·萨特撰写的分镜头剧本，而萨特并未真正将其拍成电影。）每个社会都有自己的所谓人格，其中一些特定的行为与解释模式会在心理上造成困境与相应的疾病模式。我们当代的社会组织首先催生抑郁症这种当前传播最广泛的心理疾病的形式，这几乎不是一种偶然。因此，不能将我们与宗教间的社会交往简化，以为我们在宗教中只是看到一种迷信。流行的宗教批判家的下列信念是错误的：宗教始终只关注"慈爱的上帝"。

一旦人们考虑到科学世界图景的拜物教特征，便不难理解为何它视自身与宗教处于竞争关系中。因为严格来说，它同样表现为一种宗教样式。而这是因为，上述第一种意义上的宗教的观点恰恰不是说存在操纵一切的上帝或诸神，而是存在一个操纵一切的某物，无论它是《圣经》中的上帝、印度教里的诸神还是能够推导出一切自然规律的物理学世界公式。拜物教的特征并非在于某一特定对象尤其得到崇拜，而在于崇拜一个对象的同时却不容许去追问到底为何该对象如此令人可欲。拜物教将某一对象视为一切的本原，并尝试从中得出所有人都应遵循的认同模式。究竟是崇拜上帝还是大爆炸（Big Bang）在此只在表面上起决定作用。真正的问题在于对一个所谓普全的本原的崇拜——这个本原呈现为什么是完全无所谓的。

值得注意的是，第一种意义上的宗教时常与全球性的错论出双入对。例如许多传统的救赎学说主张，向我们显现的全部现实，我们在其中居住并对其进行解释的色彩缤纷的周遭世界，只是一个幻觉。因此他们要认识幻觉之幕背后的真相。这同样也是科学世界图景的典型姿态。颜色，包括所有可见、可触、可听的对象，实际上都只是掩盖了事物真实本质的幻觉。只有神职人员或科学专家才有通达本质的手段。过去这类人说着拉丁语，现在他们则口不离数学。

对此尼采曾言，拜物教（这自然不是他当时所使用的措辞）预设了一种"背后世界"（Hinterwelt）。相应地，他在自己的著作《查拉图斯特拉如是说》的一个有趣的段落中引入了"背后世界论者"（Hinterweltler），这类人为了摆脱自己作为受苦的、有朽的生物的处境而虚构了背后世界。

撇开自己的痛苦并且失去自己，这对于苦难者乃是醉心的快乐。从前我也觉得世界是醉心的快乐和自身的丧失。

……

从前我也如同所有的背后世界论者，就这样把自己的虚妄幻想抛到人类之外的彼岸。是真的抛到人类之外的彼岸了吗？

呵，兄弟们，我所创造的这个上帝，如同所有神祇一样，是人类的作品和人类的疯狂！

他原是人类，而且只不过是人类和自我的可怜的一部分：在我看来，他来自人类自己的灰烬和火焰，这鬼魂，而且真的！他并非来自彼岸！ [①]

只是尼采这里走得太远，以至于认为人类只可认识人类世界，此外一切都只是戏法般的骗局。尼采十分可惜地掉进了建构主义的陷阱。

192   但他对拜物教的批判是十分到位的。背后世界论者通常自称具有对该背后世界之结构的洞察，无论这种认识向我们指出世界或我们的人生都只是由上帝或诸神制造的一场梦，还是告诉我们我们所身处的这一经过了解释的世界只是由遵循自然规律的无限小的物体或波组成的复合显象，并或多或少偶然地创造出了一种现在正自问冰箱里是否还有自己最爱的酸奶的生物。

拜物教是一种坏的宗教。马克思早在尼采之前便在对商品拜物教的分析中指出，现代劳动分工的生活具有一种拜物教倾向，因为我们总是在交换与购买物品的同时对它们的生产过程与价值来源一

---

① 弗里德里希·尼采：《查拉图斯特拉如是说》（*Also sprach Zarathustra*），慕尼黑/柏林/纽约，1980年，第35、36页。（中译可参见尼采：《查拉图斯特拉如是说》，孙周兴译，上海人民出版社，2009年，第29、30页。译文略异。——译者注）

无所知。马克思进而指出商品拜物教与拜物教式宗教的关联：

> 因此，要找一个比喻，我们就得逃到宗教世界的幻境中去。在那里，人脑的产物表现为赋有生命的、彼此发生关系并同人发生关系的独立存在的东西。在商品世界里，人手的产物也是这样。我把这叫作拜物教。劳动产品一旦作为商品来生产，就带上拜物教性质，因此拜物教是同商品生产分不开的。[①]

今日社会中对肉食品消费的普遍看法是对该结构的一个绝妙的例子。让我们以香肠为例。香肠初看上去是肉的具体化形态。但仔细想来，它是由来源和质量可疑的碎肉、腌肉和加工肉制成的。香肠（Fleischwurst）[②]正如其名是肉制品，但人们却完全不再能看见它的动物性来源。它们是由人工塑形、压制并通常用某种人工外皮包裹起来的产品。当人们食用它们时通常都不会考虑到作为其来源的动物。香肠给人一种它们其实不是来源于动物或者动物的某个部位的感觉。这也同样适用于集市上贩卖的精心包装起来的鸡胸肉或者烤肠。这种肉食品消费因此严格意义上是拜物教式的：香肠给人一种天然就在冰柜里的感觉——而实际上是在某个时候有数量庞大的猪群被集中关到一起，然后有序宰杀、切块，在食品法的规定范围内制成香肠。香肠世界的真相因此是创伤性的，克里斯托弗·施林格塞夫（Christoph Schlingensief）在他执导的电影《德国电锯杀人狂》（*Das deutsche Kettensägen Massaker*）中以美学上浓墨重彩的

[①] 卡尔·马克思：《资本论》第一卷，柏林，1962年，第86、87页。（中译可参见马克思：《资本论》第一卷，人民出版社，2004年，第90页。——译者注）
[②] "香肠"（Fleischwurst）一词中的"Fleisch"即为"肉"的意思。——译者注

方式聚焦了这一点。施林格塞夫的电影关注了虚无主义的问题，他借助一句台词对此做了讽刺："在一个一切都是香肠的时代，好坏已无区别。"

无　限

然而并非一切宗教都不言而喻是拜物教式的。在一切世界性的宗教中都存在一个相反的倾向，它们都旨在将我们从下述观点中解放出来：宗教关涉一个值得崇拜的对象。犹太—基督—伊斯兰传统中的第一条诫命便已明言，我们不可为自己造神的像。我此处援引的马克思、尼采与精神分析所称的"拜物教"，在犹太—基督—伊斯兰传统中被称作偶像崇拜（Idolatrie）。该词来自古希腊语中的"eidôlon"（意思是"小图片"或"小神像"）与"latreia"（意思是"低声下气地崇拜"）。对图像的禁忌恰恰显示了一种对拜物教的离弃。宗教中的一些形式否定了我们能够为自己造出那隐藏在一切现象背后的、值得崇拜的超级对象的图像，这是认识到并不存在这样一种对象的第一步。

我将上述意义上的宗教与施莱尔马赫的一种观点联系起来，根据他的说法，宗教表达了我们对无限的渴求。"上帝"所代表的理念是不可理解的无限性的理念（但我们不会迷失于其中）。**上帝**（GOTT）这一理念意味着认为整体（你定吧，我觉得只要不影响理解就行）是富有意义的，尽管它超越了我们的理解能力。当人们信仰"上帝"时，他们表达了如下确信，即存在一个对我们隐匿起来但同时也将我们包含在其中的意义。非拜物教意义上的宗教认为，我们分享着一种意义，尽管它远远超越所有我们能理解的事物。如

"主的路是我们无法理解的"这样的习语正是表达了这一点。《新约·罗马书》中的这段话便完全是在这个意义上写的：

> 神的财富、智慧与知识如此深邃。他的决定如此难解，他道路的踪迹如此难觅。[①]

我这里所说的无限不是数学上的无穷，后者总是一定程度上可计算的。但无限也并非我们理应臣服于其下的神的不可捉摸的专断意志。无限表达的是我们对踪迹的探寻。非拜物教式的宗教探寻无限中的意义的踪迹。

换言之：那如今通常被视作宗教世界图景而合乎情理地得到攻击与驳斥的东西，与上述意义上的宗教风马牛不相及。宗教不是与科学理论处于竞争关系中的知识诉求。它不是起源于我们对世界进行澄清（在这个词的现代意义上）的需要。无论科学世界图景抑或宗教世界图景，只要它们涉及世界图景，便都是错误的。

假设我们回到文化史的开端处。对此我们当然不知道，它发生在哪里，具体又发生了些什么。人类的历史鲜有人探明，尤其是目前对人类历史的研究还处于片面的进化论的影响下。这种居于统治地位的观点受到了许多科幻电影的挑战，例如雷德利·斯科特（Ridley Scott）所拍摄的电影《普罗米修斯》（*Prometheus*）。这部电影展示了一个骇人听闻的场景，其中我们能看到人类其实是在遥远的外太空中被创造出的。我们对于人类历史的认识少得惊人，这一历史是在物竞天择的进化过程结束之后开始的。很可惜，一方面殖

196

---

① 这是我对《罗马书》11.33部分的翻译。（和合本《圣经》译文为："深哉，神丰富的智慧和知识。他的判断，何其难测，他的踪迹，何其难寻。"——译者注）

民者已经令中北美洲的那些见证了他们高级文明的证据毁于一旦，而另一方面，能够帮助我们了解壮观的印度文化史与宗教史的印度学研究又太少了。即便在欧洲同样充斥着对我们自己的历史的无知。没有人确切知道，在公元前12至前8世纪间那被称作"黑暗的时代"中发生了什么，克里特岛上的米诺斯高级文明就一度出现于其间。

197 　　因此我希望讲述另一种历史。在这一历史中，在烟波浩渺的史前时期的某一刻，在我们的星球上一群像人类一样的生物从动物性的睡梦中醒来，惊奇地发问，这一切究竟意味着什么。他们问自己："我们究竟为何要追捕这些动物?""我们为何是现在这个样子?"由于问题的答案远超出他们的认识范围，第一批人类的历史便随着这样一种刺激开始了。他们遭遇了许多无法理解又超出自身掌控的事情。从这一刻起人们便开始了对意义之踪迹的探寻。在这些遭遇背后是否存在一种秩序、一种历史?而宗教所做的便是为我们讲述历史并从事件背后辨别出秩序，这一秩序既将人类包含在内，同时又超绝于人类。因此可以说，宗教起初是人类最激进的对遥远事物的感知力（Fernsinn）。这种感知力意味着我们发现自己处于一种我们难以理解的历史中，这种历史尽管将我们包含在内，但在其中所上演的又远不止我们各自的命运。

　　人类是一种想要知晓自身是什么或者是谁的生物。这种情况尽管恼人，但它无论如何都还是触发了人类的精神史。人类精神层面的进化不能仅被还原为我们拥有文化这件事。精神是不同于文化的另一种东西。精神是对意义的感知力[①]，而这一意义并未盖棺论定，它是始终开放的。因此人类的自由同样也首先在于，我们不对任何

---

① 对意义的感知力原文为Sinn für den Sinn，作者使用了Sinn一词包含的双重含义，即"感知力、感官、感觉"与"意义"。——译者注

事情盖棺论定，我们有不止一种可能的选择。这不仅是不确定性的由来，更是进步的源泉。然而我们不能指望进步自动出现。人类精神自由的关键毋宁说在于，我们既可能进步也可能退步，我们对自己的本质的自我规定也可能失败。

人类不知道他自己是谁。人类从寻找自我开始。人之存在（Menschsein）意味着去探寻人类是什么。海德格尔十分尖锐地表述了这一点："自身存在（Selbstsein）乃是已然处于寻求中的发现。"①我们必须丧失自己，以便能够寻找自己。必定有一种距离嵌合在我们的本质之中，我们自身最终就是这一距离。对这种距离的最初经验，对最大距离的经验，作为"上帝"或者"神性者"而得到体验。因此人类精神一开始便在神性者的形态中探寻自己本身，却没能认识到他在自身之外寻找的这一神性者就是人类精神本身。

这意味着，人类并不是作为成熟的假说提出者、作为现代的科学式主体而登上世界舞台的。人类并没有发明出上帝，因为物理学对他而言尚未诞生。现代是某个进程的结果，对于这个进程我们不能通过那样一种方式去进行理解，亦即我们将现代往前投射到其产生之前的历史中。然而这种十分不科学的投射在如今影响甚广。宗教的概念被看作近似于迷信的概念，而人们通常认为迷信是对可被证明为是错误的假说或者直接在思想上显得幼稚荒谬的假说的相信，例如星辰的运动能决定我们的个人生活这一假说。这种意义上的占星术当然完全是迷信，因为它将精神史的不同阶段胡乱地混为一谈。然而倘若人们想要理解宗教的意义并得出一个合乎理性的宗教概念，

198

199

---

① 马丁·海德格尔：《哲学论稿》，美因河畔法兰克福，1989年，第398页。（中译参见海德格尔：《哲学论稿》，孙周兴译，商务印书馆，2012年，第425页。海德格尔原文中的"自身存在"中间有连字符，即Selbst-sein。——译者注）

那就必须换一种角度来看待这个问题。

宗教以及对意义的追寻

为了达到这一目标，我们必须澄清一件兴许显得十分困难的事情。这件事情涉及我们自身，涉及我们人类的自我意识。自我意识究竟是什么，它与人类精神的关系又如何？现如今人们通常将意识看作一种特殊的大脑状态。意识因此就属于一种特别一目了然的认知与情绪状态的领域。我在自己的视野中只能关注一部分事物，其他只能通过余光来察觉；我感到有些疲惫，但除此之外感觉还不错。上述状态于我而言是一目了然的。我知道自己情绪如何，我的注意力集中于何处。若上述这些便是意识，那么我们似乎也已经知道自我意识是什么了。自我意识是对意识的意识，是对自己的意识、自己的思考与感知过程的关注。

由此一切看起来似乎都明朗了，就好像我们每个人都坐在自己的意识电影院中并观看一场以世界为对象的电影，而这一电影当然是极具互动性的，因为我们自己也出现在其中。意识乃是我们头盖骨之下的状态。如此一来，我们便又重新掉进神经建构主义的陷阱里去了。那么，意识或自我意识究竟是什么呢？

当我拥有意识，我拥有的总是关于某物的意识。这意味着意识的实行总是关涉于对象。意识关涉着我的情绪状态，关涉着处于我的视野中的对象或过程，当然还有声音和其他印象。当我将自己的意识从其他一切对象中区分出来并获得自我意识，我由此看到的总只是一个我自己所关涉着的对象。关于这一对象，就像对其他任何对象那样，我也有可能出现判断上的失误。我们有可能会完全搞错

200

了意识是什么，因此这也不是不言而喻的。我意识的对象，通常不是意识，而是天空或我正在打字的手指。有时这也并非是我自己的意识，而是我交谈对象的意识。我完全可以意识到某人意识到了疼痛。我们有时还会意识到我们有意识。然而眼前到底发生的是什么？许多哲学家到现在仍然错误地认为，自我意识，即对意识的意识，是不会犯错的。他们认为每个人关于自己都有一个绝不会出错的认识方式，能够完备地认识自己。然而人们却无法解释，究竟为何无人确切地知晓究竟意识是什么。谁若认为自己已经有了这样一个不会出错的自我意识理论，那么他早就从这场讨论中抽身而出了，因为根据他的理论这场讨论根本不应该发生。

　　因为我们事实上（de facto）有可能在意识是什么这个问题上出错，我们也无法简单地说明自我意识究竟是什么，因而我们是与自己本身存在距离的。我们必须像认识其他对象那样来认识我们自己，而在自我认识的过程中我们同样也改变了自己。每一种人类生活都有其历史，我们持续改造着这一历史，重构着这一历史。

　　该道理不仅适用于个体。因为个体也可以被其他人所认识，而通常别人比我们更了解我们自己。因此我们也能从不同类型的人际交往中认识自己，例如在恋爱关系或友情中，我们能比在单纯的自我观察时更好地认识自己。

　　该情形也出现在许多更为日常的场景中。假设我透过窗户向外望并察觉到室外似乎在下着毛毛雨。此外我还获得一种自我意识并且自忖，我意识到了窗外在下毛毛雨。此时我的室友进入我的工作室并提议，我们应该立即再次清洗窗户，因为窗玻璃上的雨渍给人造成了窗外在下雨的印象。我的室友此时可以清楚地意识到，我错误地认为自己意识到了窗外正在下雨。因此我的意识根本不是对窗

201

202

外细雨的意识，而是对雨渍的意识。因此我对关于自己的意识的自我意识出现了错误的判断。因为对于意识而言，意识意识到了什么，是非常重要的。自我意识同样如此。对自我意识来说，意识是什么，也很重要。然而如果不继续深入下去，我们是不会认识到这一点的。若没有与他人对话，我们便无法确定自己所意识到的是什么。即使我们最简单的感知也存在出错的可能。

当我们在思考自我意识的问题时，我们多半会参考一些相关书目与百科词条，取得各种生活经验并且做许多事情，从而弄清我们到底是在和什么东西打交道。而这一活动便是精神，即与意义的自我遭遇。我们理解那些需要得到理解的东西的意义：理论、百科词条与生活经验。此间我们预设了，意义总是已经在那儿了，存在着能够被理解的意义。

这一预设对我们现代人来说相对而言并不难理解，只要我们尚未完全与自身相异化并将自己看作拥有"我"之幻觉（这种幻觉能够令生物质［Biomasse］得到繁殖与维持）的生物机器。谁若将自己看作生物机器或具有肉身的机器，在其中运转着一个其实是幻觉的意识电影院，谁便已经走向了自我毁灭。人类精神有一种特性，即他也能摧毁自身，或者说熄灭自身（然而在大多数情况下，这也不能阻止那意图摧毁自身的精神继续书写鼓吹精神摧毁自身的长篇大作）。

宗教正来源于意图理解世界中为何会有意义的需要，这一意义能够得到理解，而不是我们径直将这种意义植入世界。如此看来，我们说宗教是一种追寻意义的形式，这是正确无误的。

宗教来源于一种需要，即从一种最宏远的距离出发回归到我们自身。人类拥有一种放弃自身的能力，以至于他可以只将自己看作在无限中趋于消隐的点。当我们从这种距离出发回归自身时，我们自问道，我们的人生是否真的还有某种意义，或者我们对于意义的希冀是否像一颗水滴一样消融在了无限之海洋中。**宗教**（RELIGION）因此是一种从无限、从彻底不可把控与不可改变的状态中朝向我们自身的回归。在宗教中事关宏旨的是我们并不完全迷失。

宗教是对一种刺激性的表达，它触动着我们，以至于我们踏上了取道整体的迂回之路，以便理解我们自身。宗教产生于这样一种感受，即我们首先超越自己来到一个整体的视角随后从其回归到自身。这一运动历程并非毫无意义，它对于整体有着某种重要性。

在这一语境中，人们可以援引第一位激进的生存哲学家、丹麦人索伦·克尔凯郭尔的一部著作。通常被人们称作存在主义（Existenzialismus）的生存哲学（Existenzphilosophie）是一种不仅研究存在论还对生存概念进行反思的运动。[①]**存在主义**（EXISTENZIALISMUS）是对人之生存的研究，如克尔凯郭尔、尼采、海德格尔、萨特或卡尔·雅斯贝尔斯等思想家认为人之生存才是我们真正应该关注的问题。在《致死的疾病》（*Krankheit zum Tode*）中，克尔凯郭尔区分了被他看作一种特殊人类疾病的"绝望"所具有的三种形式。克尔凯郭尔将这一疾病看作人之生存的基调，而人们通常认为他的描述过于悲观。尽管如此，存在主义认识到了某种重要之物。以下便是他区分出的三种绝望的形式：

204

---

① Existenz在克尔凯郭尔一系的存在主义哲学家那里通常指人的生存，故译为"生存哲学"（Existenzphilosophie），而"存在主义"（Existenzialismus）的译法则是从俗，请读者注意。——译者注

1.没有意识到人有一个自身（非本真的绝望）。

2.绝望地不意求自身。

3.绝望地意求自身。

人们可以简单地澄清这背后的思想。我们可以问自己，我们究竟是谁。人类的发展便是从这一问题开始的。人类并非仅仅是他向来所是之物，他处于寻找自身的过程中，这便是人与动物的差别所在。这也是为何我们总是在相互探讨我们究竟意求成为谁，或我们究竟应该成为谁。人类知道他能够甚至应该改变自己的存在。我们都知道，杀戮应该被制止，世界性范围的饥饿应该被消除，每个人都应该获得一定程度的富足。我们也知道自己对许多事都无能为力。动物对自己的本质并不喋喋不休，它们只是它们之所是。动物局限于自己的存活程序，它们不会想到应该改变自己的生活。它们仅仅活着，而这并不意味着动物没有意识。它们只是没有克尔凯郭尔意义上的精神，即使它们显然也有被意识到的内部生命。

人类与动物相区别，既不是因为人类能够思维，也不是因为人类是理性的。动物同样能够思维，并且跟随诸概念之秩序。我的狗知道自己的饭碗在哪儿，它会试图令我确信我应该投喂更多食物。在这一交互中，对狗而言也有许多概念在发挥作用，即使它或许未必能够反思到它拥有概念。狗可能并不会对自己的思维进行思考，这种反思能力或许是至少在我们这个星球上专属于人类的特权。然而这种对自身思维进行反思的能力还不完全是精神。因为我们的自身关系不只包含我们对自身思维的反思。一般而言我们必须求助于哲学才能解决这个问题。精神要比反思来得更加丰富，无论反思的对象是什么。

精神是一种我们将自身当作他人一样来对待的状态，即这样一个人，我们熟悉他并常常改变着他。我们并非只是思维的主体、反思者，而首先是人；而人有一种自身关系。在这一自身关系中我们一定程度上是可塑的，这也是为何人之生存同样动荡不定。

人类经常遭受不确定和不安，但同样也能达至自我确信乃至自负。人类的内心光谱因而也远比我们的情绪更为丰富。深深的不确定或稳固的信心并不仅仅是如愤怒或喜悦一类的情绪，而是精神的表达。精神也会生病，存在许多精神性的疾病，它们并不仅仅是情绪上的障碍。因此许多精神性疾病的治疗方式，是首先令病人认识自己无意识中痛苦遭受着的对自身的看法，由此病人才能够建立起一套新的自身关系，该关系在情绪上也是能够令人满足的。

克尔凯郭尔写道，精神与我们自身相对待。而我们观察与看待自己的方式揭示了我们的精神。我们的生存是一种我们与自身相对待的方式，这种方式并非时刻都被我们意识到。精神是建立并维持一种自身关系。此外，我们的自身关系总同时还是我们与他者的关系的一部分。对他者的开放因此是可能的，因为我们对我们自身而言就已经是一个陌生人。

因此，自精神分析在20世纪取得了重大理论成就以来，每一位精神分析学家都知道，我们对于他人的态度总是由我们的自身关系所共同决定的，反之亦然。我们总是一如我们对待自身那样来对待他者，我们也总是在与他者的共同生活中、在多样的人际关系中实现自己理想的自我形象，但也包括我们的不安。我们不仅理想化我们的同伴，也丑化他们或者假定他们拥有实际上并没有的看法，因

206

207

为我们将他们当作我们的自身关系的投影，而这一点永远无法完全得到克服。不过也正是因此，我们才得以从他者身上体会到自己究竟是谁，因为我们人格中的一大部分能从我们对待他人的态度中，以陌生化的形式向着我们自身反射回来。

克尔凯郭尔尽管没有使用例如无意识与移情这类精神分析概念，但在他分析第一种形式的绝望时已经十分接近后者了：自身拥有忽视自己的能力。当自身发现自己后，它可以试图抓住自己并阻断其动力学，也可以试图放开自己并一再地修正自己。我们每个人都知晓罹患三种致死的疾病形式的人格，我们自己也明白其动机。有时我们试图忽视自身、疏远我们的精神。有时我们试图为自己盖棺论定，而有时我们修正自己、重整人生。

208　　克尔凯郭尔的分析对我们此处所言的重要之处在于，他指出了精神以如此这般的方式与自身相对待，即我们总是明白我们有可能改变自己。我们有可能成为另一个人。因此我们才总是拿自己与他人进行比较，并时常思考哪一种生活形式对我们来说才是真正合适的。也正是在此，克尔凯郭尔提出了他所理解的上帝概念。他将"上帝"定义为这样一个事实："一切都是可能的。"①借此他想表达的是，当我们达到与自身最远的距离并经验到一切都是可能的时，我们便遭遇了上帝或神性者。当我们失去脚下的根基并明白，由于我们有能力以各种完全不同的态度看待我们自身，我们便能够采取完全不同的生活方式时，这一点就在我们的生活经验中在生存层面上得到了显示。其中的一些可能性我们在人生路途中有所实现，另一些则没有。没有人像石头那样一成不变。

---

① 马丁·海德格尔：《哲学论稿》，第45页。

上帝的作用

因此我的意思并非上帝现实地存在——亦即存在某个位格，他颁布法则或者身处某个宇宙之外我们不得而知的地方。对宗教意义所进行的哲学探究并不致力于回答这一问题。严格说来，上帝当然存在，问题仅仅是它存在于哪一个意义场中，即"上帝"如何显现。根据克尔凯郭尔的分析，上帝意味着我们保持与自身最远的距离。由此他能够将他作为基督教神学家而十分熟悉的基督教基本教义转译为一套精神话语。于是他将"罪"理解为一种对精神的拒绝。罪因此既非"恶行"，亦非"阴暗的想法"，而是一种人们企图消灭自己精神的自身态度。

相似的分析自然也适用于其他宗教。确实存在一种在不同的文化与历史中都始终保持不变的宗教的意义：宗教的意义来源于其与能够被理解的意义之间的碰撞。我们与能够得到理解的意义的最初相遇乃是人类的精神。精神从某一时刻开始探问自身，也正是在这一刻，精神的历史开始了，继而引发了后续一系列包括现代科学在内的值得令人惊叹的繁荣。我们不能因为扭曲的自身图像（Selbstbild）而认为我们可以将一切宗教都当作粗鄙的迷信打发掉。科学、启蒙与宗教三者间的关系远比人们通常所设想的要近得多。我们可以以印度社会为例：印度社会显然受到伊斯兰教、印度教、佛教以及许许多多或大或小的宗教团体的深刻影响，然而这并不与印度作为现代民主政体的身份相悖。我们德国社会同样也不是完全世俗化了的。或许地球上信教的人数比完全的无神论者或如韦伯形容自己时所说的"在宗教方面缺乏乐感"（religiös unmusikalisch）的人要多。①我们的社会现实无法完全摆脱宗教的一个重要原因在于，宗教触及了人类经验中与科学完全不同的一个领域。宗教中事关宏旨的是人类的世界。宗教的意义场是能够被理解的意义，而我们问自己，这种意义起源于何处——这是一个人类千百年来始终尝试解答的谜团。

与此不同，现代自然科学涉及的是没有人类存在的世界。即使是人类基因学或医学中也都没有精神的位置，而只与我们的身体有关。我们的身体自然也能属于我们的精神——我们给自己添置衣物，悉心照料自己，开发姿势与表情，将我们的躯体当作我们自身关系的表达工具——但在医学中，身体的归属通常是无足轻重的。它不是人类用以表达自身与自身个性的身体，而是普遍意义上的人类的身体，它只出现在自然科学的对象域，即只出现在宇宙中。这一点无可厚非。此处我并非意在鼓吹现代医学的精神化。科学的进步是一件好事，即使它可能会带来危害，但幸运的是，危害并非是必然的。

克尔凯郭尔的基本思想说明，科学、宗教或其他一切我们关于自身或我们在一种总体关系中的定位的描摹，同样是对精神的证明。我们在每一种自我描述中也记录了一种规范性的对自己的理解，记录了我们希望以何种方式去存在。这一洞见被克尔凯郭尔称作"上帝"。宗教涉及人类精神，这种人类精神向着某种不可支配的东西

---

① 马克斯·韦伯在一封于1909年3月2日给费迪南德·滕尼斯（Ferdinand Tönnies）的信中写道："但是因为我在宗教方面完全'缺乏乐感'，既没有需要亦没有能力在我自身中建立起带有宗教特征的精神'建筑'——我对宗教无感，或者说，我拒绝宗教。但更为严谨地说，我既不是反宗教的（antireligiös），也不是非宗教的（irreligiös）。"参见《马克斯·韦伯全集》第二部分，《书信1909—1910》第六卷（*Max Weber-Gesamtausgabe, Abt. II: Briefe 1909-1910, Bd. 6*），图宾根，1994年，第65页。

敞开自身，就此而言，我们可以赞同克尔凯郭尔所说。不过这种敞开并不意味着，我们是挑选出一个喜爱的对象或对象域并将其神化。这是迷信，或曰拜物教。

我们无法知晓一切，因为不存在将一切都聚集并组织起来的原则。世界并不存在。如果我们将"上帝"看作这样一种原则，那么上帝也将由此而不存在。我们并不知道自己是谁，我们总是处于寻找的过程中。正如克尔凯郭尔与海德格尔所指出的，我们正是这种始终身处找寻自我之路的生物。每一种仅仅通过一个简单的回答来打断这段寻找自我之旅的尝试，都是一种迷信与自我欺骗的形式。

宗教是对世界进行说明的对立面。宗教与"世界并不存在"的论题关系紧密，这几乎不是偶然的——从印度教认为人生不过是一场梦，到耶稣的名言他的王国不是这个世界，再到佛教对世界的克服。我们甚至可以略带挑衅意味地说，宗教的意义在于指出上帝并不存在，上帝不是保证了我们人生之意义的客体或超级对象。若人们认为存在一个掌管宇宙与人生的宏大统治者，那么他们就犯了错。因为并不存在这样一种某人需要去加以统治的世界整体。但这并不意味着宗教或者对上帝的谈论都是无意义的。相反，宗教的意义应被看作对我们自身有限性的承认。宗教采取一种保持最远距离的态度。之后宗教又向着人类返回，通过与上帝的交互，人类才得以进入精神历史的历险中。

没有宗教便绝不会有形而上学，没有形而上学便绝不会有科学，而没有科学便绝不会有我们如今能够表述出来的这些知识。并不能将在这一过程中所发生的一切都仅仅简单地视为启蒙的一种形式。宗教的分崩离析并非现代的标志，我们对自由的理解的不断扩张才是。此间处于现代的人类认识到，他是精神并且该精神拥有一种历史。这一维度在过去对我们而言隐而不显或者只是初露端倪。所以人们同样不应将对精神及其历史的承认斥责为前现代的或者一种退步。宗教已然建立在对精神的承认的基础上。宗教中自然也存在欠缺的形式，存在纯粹的迷信与操控性的教派。然而科学中同样也存在欠缺的形式，存在科学上的错误，离开了这种错误就不会有科学进步。人类的某种立场有发展为病变的危险，从中不能推论出我们应该将其废除。因为对精神的清除行为本身就是精神，诚然这只是精神的一种最坏形式——如克尔凯郭尔所言，是对自己的拒斥与非本真的绝望的精神形式。因此，在处理"上帝是否存在"的问题时，我们应该比某些笨拙的教派或新无神论者所认为的更加谨慎。谁若在处理上帝的问题时不考虑精神的历史性，谁就已经真正地错失了这个问题。德国观念论者和伽达默尔都已正确地强调了这一点。上帝的存在问题不属于自然科学的研究范围，因为上帝显然不出现在宇宙中。任何宗教认为上帝出现在宇宙中，人们便有充分理由将其作为一种错误、一种拜物教的形式而加以摒弃。然而并非一切宗教都是拜物教式的。毋宁说宗教本质上关涉的是人类及其在意义关系中的定位。我们无法通过求助于专家意见来"外包"这样一种定位，因为并没有通晓人之存在的专家能够替我们分担这一责任。

第六章 艺术的意义

我们究竟为何热衷于去博物馆、音乐会、电影院或者剧院？"消
遣娱乐"并不能充分回答这个问题。因为许多艺术作品完全不具备
娱乐性，至少在该词直接的含义上。艺术作品的魅力源自何处？古
典的、自古代以来通行的回答是，艺术作品的美吸引了我们。但该
解释如今已行不通，因为有许多艺术作品毋宁说是令人厌恶而丑陋
的。若说恰恰此中蕴含着美，这很难有说服力。毕加索《亚维农的
少女》中的少女怎么能被称为美的呢？该作品以及许多其他艺术作
品（无论是恐怖电影抑或新音乐的抽象乐段）的要点恰恰在于，它
们和古典的美的概念分道扬镳，并由此反驳了认为艺术是一种娱乐
形式的观点。

让我们从另一个角度来探究艺术作品之意义的问题。我们之所
以去博物馆，是因为我们能在那里体验到以完全不同的方式看待一
切的自由。在与艺术作品打交道的过程中，我们意识到自己能从下
述观点中解放出来：存在一个一成不变的世界秩序，而我们只是其
中消极被动的观察者。消极被动的观察者在博物馆中将一无所获。
在博物馆里人们必须努力对令人眼花缭乱的、表面上无意义的艺术
作品做出诠释。如果不加诠释，人们只能看到色块，不仅波洛克的
作品如此，米开朗琪罗的作品同样如是。艺术的意义场恰恰告诉我
们，有一些意义只有在我们主动与其交互的情况下才存在。

艺术的意义在于它迫使我们直面意义。意义通常使得对象得以显现，随后对象仿佛站到了意义的面前并遮蔽了后者。这一点在字面意义上适用于视觉的情况。被看见的对象站到了视觉面前并遮蔽了它们是被看见的这一事实。我们通常只看见对象而未看见"我们看见了它们"。然而在造型艺术中，我们的观看习惯本身，我们观看对象的方式，变得可见了。这一点同样适用于音乐。音乐不仅教会了我们聆听，还令我们转向我们聆听本身的结构。我们并不仅仅像在日常生活中那样聆听声响，而且同时获得了某种关于聆听的体验。绘画或电影的情形——这当然还包括一些不那么正统的艺术形式，例如以我们的饮食习惯为对象并改变了我们的味觉的烹饪术——与此相类。艺术赋予我们看待对象的不同方式，将对象放置于为该对象而生的意义场中，由此解放了它所涉及的对象。艺术将它的对象从其通常向我们显现的意义场中（我们通常未意识到它们是如何显现的）分离了出来。

模棱两可

216
关于艺术究竟是否能教给我们一些实在的东西或艺术本身只是美丽的假象，早在古代便已有争论。如今常见的对实在与虚构的区分与此关联在一起。对实在与虚构的分离预设了，存在一个由于人们并未关注"实在的"的对象、人物或事实而只关注"可能的""虚构的"或"想象的"东西而产生的虚构的世界。戈特洛布·弗雷格正是在这个意义上为"文学作品与传奇故事"[①]归类，并将其规定

---

① 参见戈特洛布·弗雷格:《论意义与指称》,第148、149页。

为在其中出现的专名（例如"奥德修斯""古斯塔夫·冯·艾辛巴赫"）并未描述现实对象的东西。它们只有意义（Sinn）而没有指称（Bedeutung），尽管人们可以理解它们，但它们并未指涉任何东西。因为弗雷格将一个表达的"意义"视为该表达被给予我们的方式，而一个表达的"指称"则是该表达指涉的对象。

然而我们又该如何看待如"特洛伊"或"威尼斯"这类专名？许多古希腊神话故事中的事件与地点都指涉了例如雅典、特洛伊、底比斯或其他古希腊人十分熟悉的城市。托马斯·曼的《魂断威尼斯》也是发生在它的读者都熟悉甚至或许亲自到访过的城市。我在前文中曾提及普鲁斯特天才般地虚构了一位名叫埃尔斯蒂尔的画家，《追忆似水年华》中的叙述者对埃尔斯蒂尔的画作进行了细致入微的描绘。另一方面，叙述者又谈到了莫奈与他的作品，因此在普鲁斯特的小说里，"实在的"与"虚构的"艺术作品都被讨论到了。对埃尔斯蒂尔与莫奈的对照在普鲁斯特的小说中扮演了重要的角色，一如幻觉与现实间的对照在《魂断威尼斯》的叙述世界里的重要性。因此将艺术作品当作显象世界的复多性模仿或将其视为不同于实在的虚构将是完全错误的。 ₂₁₇

不仅是文学和表演性艺术一再以各不相同的方式打乱着所谓实在与虚构间的截然区分。同样作为例子可以援引的还包括像《黑客帝国》《盗梦空间》这样的电影，或者当代所谓"新黑色电影"（Neo-Noirs）类型中的经典，如《搏击俱乐部》（*Fight Club*）、《记忆碎片》（*Memento*）、《禁闭岛》（*Shutter Island*），以及大卫·林奇的大多数作品或者《楚门的世界》（*Truman Show*）。这些电影能够令我们置身于一种诡异的情境中，我们不再确定剧情所叙述的世界依据何种规则运行，我们究竟位于哪一个意义场中。我们是清醒着还是在做梦？我真的是表面上的那个自己吗？我们从何得知我们没有完全精神分裂？我们生活中的大部分事情不都只是自己想象出来的？借助一些幻想人们能容易地认识到，我们生活中的许多方面事实上都只是想象的或纯粹符号性的。尤其是人际间的交往很大程度上取决于我们如何想象他人对自身、对我们、对我们共同谈论的对象所采取的视角。我们总是在协调虚构的观念与感知，以便在共同的区域中进行自我定位。若没有幻想，对我们而言也就根本不会有任何对象或者实在，而对于对象和实在，我们每个人都依其生活经验的背景而有不尽相同的感知。

美国当代哲学家斯坦利·卡维尔（Stanley Cavell）在一本论电影存在论的著作中恰当地指出：

> 将幻想视为一个不同于现实的世界、一个展示了其非现实性的世界，如此这般对幻想的理解是十分贫乏的。幻想恰恰是那种可能与现实相混淆的东西。通过幻想我们建立起现实之价值的信念；放弃幻想无异于放弃与世界的接触。[1]

因此我们不应认为艺术的意义在于它可供消遣或它模仿了现实。艺术向我们展示了一幅图像、一幅自我的图像、一幅我们时代的图像、一种品位的图像或一个纯粹的声音的图像。然而艺术向我们所呈现的图像总是模棱两可的，总是可以用各种方式（但不是任意的）来理解。

让我们以一幅维米尔（Vermeer）的画作为例。维米尔经常画有

---

[1] 斯坦利·卡维尔：《被观看的世界：反思电影存在论》（*The World Viewed. Reflections on the Ontology of Film*），马萨诸塞州的剑桥，1979年，第85页。

光线从窗子照射进来的室内空间（intérieur）。以《窗边读信的少女》
（*Briefleserin am offenen Fenster*）为例。

这幅画在许多不同的层面涉及了实在与虚构间的区分，或更一 219
般地说，存在与假象间的区分。光线从我们无法看见的光源处穿过
左侧的窗户照射进画里，这吸引了我们的注意。该场景仿佛一个舞
台，这尤其是因为在画的前部有一个被拉起的绿色帘幕，而这强化
了画作的场景结构。少女收到了一封信，或许是一封情书。少女的
脸颊微微泛红，我们或许可以理解为这是害羞的表现。此外被拉起
的帘幕与少女衣服的颜色相同，人们或许可以略带精神分析式的洞
见将其诠释为，画作的观众（即我们）在用自己的目光脱下少女的
衣服。因为我们是在观看一个十分私人的场景。对这幅画的性暗示
的另一个证明在于倾倒的果盘，其中有一颗被食用到一半的桃子滚
落了出来，而倾倒的果盘还位于充满褶皱的床上。

同样还令人瞩目的是少女并未看向光源，而是紧张地阅读着信，
此间她的侧脸映在窗户上。或许人们会将此视为对原罪主题的批判
性暗示：少女背离了代表神性的光源，而转向了尘世的欲望。不过
这样一来，我们观众的位置便是有问题的了，因为我们从一开始所
处的就是偷窥狂的位置。我们与读信的少女一样，我们在诠释着画，
背离了神性的光源，转向了尘世的直观。 220

将该画作理解为对克服尘世欲望的要求，还是同样可能地理解
为对尘世欲望做出的反讽性批判，这个问题是开放的。尽管在文艺
复兴之后的绘画艺术中，对光线与颜色间关系的深入研究显而易见
可以解释为，我们共同身处的现实在画作中仿佛被美化了。近代的
科学革命蔑视颜色，将其视为我们感觉器官的幻觉，但颜色却在现
代以来的绘画艺术中成了艺术之意义实际上的承载者。

论意义与指称

艺术的意义在于它令我们能够意识到意义的模棱两可。艺术将对象以及对象在其中得以显现的意义一道带向显现，由此向我们表明，对象总是仅仅在意义场中显现。这一说法需要进一步的澄清，为此我们必须绕一点弯路来做一些理论讲解。在第一章中我们已经认识到存在许多不同的对象域，例如物理学的对象域和艺术史的对象域。然而这些不同的对象域之间究竟是通过什么得到区分的呢？是什么使得一个对象域是如此这般而非那般？

221　　如前所述，我们此处可以援引弗雷格的理论。弗雷格将表达的"意义"视为其"被给予的方式"。这一被给予的方式此间是全然客观的。一个对象被给予的方式并不仅仅取决于它向我们所显现的方式。维苏威火山从苏莲托看与从那不勒斯看不同，原因并不在于观察者的眼睛，而是一个事实。意义与我们如何联想或想象一个表达无关。若"猫鼬"一词令人想起了蓝色，这与"猫鼬"这一表达的意义无关。与此相对，弗雷格将一个表达的"指称"视为该表达所指涉的对象。对象属于某个对象域。当意义阙如时，我们是无法通达这个对象域的。

当人们如此看待这一情况时，仿佛维苏威火山偶然地从苏莲托看上去是这个样子而从那不勒斯看上去是另一副样子。然而，我们可以不用这种方式来区分意义与指称，亦即意义场与在其中显现的对象和事实。或许人们会认为，存在着一个单一、同质的对象域（现实，无所不包的自在之物），而我们只能借由不同的被给予方式（我们的视角）接触它。然而这一印象是错误的，因为意义自身存在

222　　着，它属于对象，正如对象属于对象域。对象属于哪一个域对对象

而言不是外在的。我的书桌属于"想象"的意义场，还是属于我的办公室的意义场，是有区别的。

因此我们必须更进一步，而不是仅仅满足于承认存在着客观的意义。这里我们还可以援引弗雷格的另一个贡献。除了"意义"外，他还引入了一个更进一步的范畴，即"调子"（Beleuchtung）或"色彩"（Färbung）。我们能在"狗"（Hund）与"丧家犬"（Köter）的差别中看到这一范畴所指的效果，因为二者之间的差别不在其意义，而在于调子。当我们咒骂一条狗为丧家犬时，我们便是以不同的目光看待它。这条狗显现在不同的光亮中。

一切对象都以某种特定的形式显现，以某种特定的形式被给予。一切都总是显现在某些特定的氛围中。由于对象能够以许多不同的方式被给予，它们因此也同时属于许多不同的对象域。我所理解的"意义"总是包含了"语气"，亦即一个表达或一种思想的"气味"。

人们乍一看会认为，艺术作品是如此多义，以至于几乎无法围绕它进行争论。似乎一切都取决于纯粹偶然的个人的印象。在这一前提下便不可能存在客观有效的对诗歌的诠释。文学研究中对作品的解释绝大多数都只是主观印象的表达。然而，仅仅因为诗歌可以用不同的方式诠释，并不能推出这些不同的解释（这些解释自然也包含了对语气的考量）都不是客观的。不过，这一客观的多义性也不能被还原为艺术家的意图，艺术家的意图本身也总是模棱两可的。对一首诗歌的不同解释都是这首诗歌的意义。而个体对艺术作品的美学成分的特殊考量也是这些意义的一部分。

绝大多数对象在向我们显现时并不同时显现其显现的方式。我的窗外正走过一对抽烟的情侣。与此同时我并不必然意识到，这对情侣是如何显现的。人们通常都能够在理解对象的同时完全不知道

223

自己是如何理解它们的。哲学家时常思考自己与他人是如何思考的，人们将这一态度称作**反思**（REFLEXION），亦即对思考的思考。在这种态度中向某人显现的不再仅仅是对象，还总是包括对象向某人显现的方式。也就是说，人们不再直接注视并观察在一个意义场中发生了什么，而是同时意识到在一个意义场中发生了什么以及它是如何发生的。人们仿佛将对对象域中的对象的强调转移到对象域自身的个体性中。人们由此体验到它的意义。

224　　因此艺术令我们得以直面纯粹的意义，但这并不意味着，艺术中没有对象或实在。我们当然不只在艺术或哲学中才获得与意义相接触的体验。大量珍贵的体验来自旅行，我这里所说的并不是商业化的旅游，旅游并不是真正的旅行，它只是为了改善气候环境或者拍摄明信片而发生的地点变动。在真正的旅行中人们总是能体验到某种程度的陌生感。人们在对我们而言陌生的环境中所做的许多事情，对我们而言显得陌异乃至荒唐。我们必须尝试去理解他们的行为举止，这意味着我们踏上了寻找一个我们忽然置身其间的意义场之意义的探索之旅。与此相反，我们在自己熟悉的环境里总是首先围着对象转——我们以不受干扰地管理对象和实用的对控制的需求为目标来制订日常仪式并做出例行公事的行为。对象不再轻易地以我们未能预料到的色彩或调子令我们感到意外，一切都按部就班地进行着。

　　艺术的意义在于，它把通常我们认为不言而喻的东西挪入一种奇特的光亮中：艺术将行为搬上舞台，拍成电影，置入画框，以闻所未闻的方式将和弦编成交响乐，或者向我们倾吐诗歌中出人意料的语言。艺术用全新的意义令我们感到惊奇，并以不寻常的视角照

225　亮对象。许多艺术家对此早已心知肚明，并将此作为自己艺术创作的主题。

类比的魔鬼

斯特芳·马拉美的一首短小的散文诗可以作为例子。这首诗名为《类比的魔鬼》(*Der Dämon der Analogie*)。[1]在这首诗中,讲述者突然想到一句荒谬的话:"帕耶努提马死了。""帕耶努提马"(Paenultima)在拉丁语中意指一个词语的倒数第二个音节。根据一般的重音规则,帕耶努提马在诗歌创作中扮演了重要角色。上述句子看起来没有任何含义,我们甚至可以认为它是无意义的,而这种质疑也是诗歌讲述者最初的反应。讲述者在诗中抱怨了"荒唐句子的该死的碎片"[2]。此外他的脑海里又浮现一幅想象的画面:

……一只缓慢、轻柔地掠过琴弦的翅膀,随即被一个音调逐渐下行的声音所取代:"帕耶努提马死了。"如是说道:

"帕耶努提马……"

一行诗结束,随后:

"……死了。"

中断对命运的担忧,好能够更无意义地在含义的虚空

---

① 我要感谢沃尔夫翰·霍格雷贝向我推荐了这个文本。引用内容遵照斯特芳·马拉美(Stéphane Mallarmé)的《诗》(*Gedicht*),德法对照,翻译与评论来自盖尔哈特·戈贝尔(Gerherd Goebel),盖林根,1993年,第166—171页。

② 同上,第167页。

（Bedeutungsvakuum）中上升。[1]

226   这句话在讲述者的脑海里始终挥之不去，他跟跟跄跄地在街上晃荡着，直到忽然在一家出售旧乐器的古玩店门口再次发现了自己。在那一刻，他再次对自己说出了那句话，并注意到乐器挂在古玩店的墙上。他认出了"地上泛黄的棕榈叶与埋入暮光中的故鸟的翅膀"[2]。伴随着表面荒谬的句子而一道出现的印象由此被客观化，并以令人惊讶的方式得到了验证。讲述者体验到，一个看似荒谬的念头为他展开了一个真理，这一真理对于"在此之前始终享有主权的精神"[3]来说是荒谬的。

     这首散文诗有许多值得一提的地方。讲述者自己强调了他在"Paenultima"一词中听到了"nul"这一个音节，而nul的意思是"null"（零）。"Paenultima"对讲述者而言听起来（在法语里）就像是"pé-*nul*-tième"。起初他只听到了无意义、荒谬、无含义的东西。弗雷格正是将这一观点与文学作品联系在一起。对弗雷格来说，文学作品最终意味着由词语的"气息"所唤起的无指称的表象链（Vorstellungskette）。讲述者借"帕耶努提马死了"描述了这一情形，人们完全可以将这句话理解成这首诗结束的标志。因为拉丁语的重音规则要求人们注意倒数第二个音（Paenultima），而重音规则是每一位拉丁语诗人在撰写自己的诗行时都必须注意的事情。但荒

227 谬、无含义的印象会被抛弃，因为现实仿佛同语言对立，而这在作

---

① 斯特芳·马拉美：《诗》，第168、169页。
② 同上，第171页。
③ 同上，第171页。

品中被称作"超自然不可抗拒的入侵"[1]。这里的"超自然"在马拉美的诗里意味着真理。[2]一个表面上既无含义也无意义的句子被证明为真，同时该句的真理又超出了主体的心理状态，主体只是将这个句子看作十分随意的念头。对马拉美来说，偶然成为了含义的承载者。

马拉美借此指出了我们的感知与思维的一个本质性的基本条件，因为我们突然想到一句话而这句话是真实的，这样的偶然事件总是在发生。当我想到"现在正在下雨"，并且现在的确在下雨，那么我的思维与实际情况便是相符的。我们并非随意地炮制胡思乱想，仿佛我们站在思维背后并从中挑选自己要去思考哪一个。"现在正在下雨"这一思维毋宁说是仿佛被雨"抢夺出来"的，一如美国哲学家威尔弗里德·塞拉斯曾恰当指出的。[3]每个念头最终都和"无法解释的帕耶努提马"[4]一样无法解释。我们总是首先回溯性地将我们的思维联系到一块儿，并以这种方式整理我们当下的信念内容。这一过程遵循着许多规则，其中包括逻辑规则，但我们也并非总是以推理的形式思维。然而这并不意味着我们的观念都只是无含义地在眼前翻飞，时而受到文学作品的启迪，时而受到逻辑的规训。文学作品与得到充分证明的数学命题拥有同样的可能为真性。

一个重要的区别在于，文学作品总是同时还谈论自身。文学作品不仅与表述的内容有关，还与这表述本身有关。在文学作品中语言本身成为焦点，文学作品谈论语言，或更确切地说：文学作品谈

228

---

① 斯特芳·马拉美:《诗》。
② 对此可参见沃尔夫翰·霍格雷贝:《形而上学的贫困》("Metafisica Povera")，载Tilman Borsche、Werner Stegmaier编:《论符号哲学》(*Zur Philosophie des Zeichens*)，柏林/纽约，1992年，第79—101页。
③ 塞拉斯:《经验主义与心灵哲学》，第29页。
④ 斯特芳·马拉美:《类比的魔鬼》，第171页。

论语言与现实所达成的交会。这正是马拉美的散文诗所揭示的道理。

自反性

我们必须在这个自然主义占统治地位的时代重新理解艺术的意义。尽管我们都会去电影院、音乐会或者博物馆，但我们倾向于将审美体验误认为仅是消遣。仿佛艺术知识只是神经性的刺激，只是刺激我们人类身体与大脑的一种特定方式。这种对事物的看法是将我们的自然科学式的态度错误地普泛化后的结果。仿佛我们始终只能通过 X 光照片观察自己，而这个 X 光照片不过也只是我们为自己所呈现的错觉，是从自然科学式的意义场中产生的东西。

西格蒙德·弗洛伊德在《诙谐及其与无意识的关系》中谈论的不是某种表达的调子和气息，而是"心理重音"（psychischen Akzent）。他提出了一套关于心理重音的移置规则的理论。这一理论的出发点是，无意识显露在发音中。[1] 弗洛伊德的一个著名例子是关于一位化名为 E 先生的病人的，他小时候在试图捕捉一只黑色甲壳虫时暴发了焦虑症。[2] 弗洛伊德在分析过程中发现，原来他的第一任奶妈（一位法国人，E 先生无意识中对她怀有一种童真的情愫）引导他法语发音"Que faire?"，意思是"我该怎么办呢？"E 先生将这句话与他姨妈曾透露的 E 先生的母亲在婚前对这段婚姻曾有过踌躇的信息联系到了一起。法语"que faire"的发音听起来与德语里的"甲虫"（Käfer）相似。类比的魔鬼将 que faire 改头换面为 Käfer，从

---

① 西格蒙德·弗洛伊德：《诙谐及其与无意识的关系》，第 66 页。
② 西格蒙德·弗洛伊德：《与威廉·弗里斯通信集 1887—1904》（*Briefe an Wilhelm Fliess 1887-1904*），Jeffrey Moussaieff Masson 编，1897 年 12 月 29 日信件，美因河畔法兰克福，1986 年，第 316—317 页。

而使得之前被压抑的东西能够以甲虫恐惧症的形式回归。在"甲虫"一词里凝缩了E先生的心上人和他的母亲（同样还有甲壳虫［Marienkäfer］的发音，因为他的母亲叫作玛丽［Marie］），以及——弗洛伊德是如此解释该关联的——这样的愿望，即他的母亲曾犹豫是否要嫁给他父亲。

而弗洛伊德的论题同样可以借助阿里·萨马迪·阿迪（Ali Samadi Ahadi）执导的喜剧片《你好阿列库》（*Salami Aleikum*）来加以说明。电影标题已很好地反映了弗洛伊德的观点。在阿拉伯语的问候语（这正是电影标题所暗示的）中，我们能找到的自然不是"Salami"而是"Salam"，其意思是"和平"。在本该是和平的位置上出现了"Salami"（萨拉米香肠）。我们由此便可以推断出，这是一部喜剧电影，因为"和平"与"萨拉米香肠"这一不寻常的关联是十分诙谐的，它唤起了一种不寻常的对照。这一对照在十分本质的层面左右了这部电影的内容。因为电影的其中一条主线讲述的正是一位来自科隆的伊朗裔屠夫的儿子自己成为屠夫的经历。这位屠夫的儿子在学习制作香肠。宰杀牲畜的行为在电影中被拿来与对杀戮的禁止（Tötungsverbot）构成对照，尤其是当男主人公摩生（Moshen）遇见了素食主义者安娜（Ana）后。"萨拉米香肠"与"和平"便因此以令人惊奇的方式既接近又对立。电影情节中后续进一步的对照——东德与西德的对立、德国与波斯的对立、男人与女人的对立、共产主义与资本主义的对立——都以标题中所隐藏的这一"萨拉米香肠"与"和平"的诙谐对立为基础。某种程度上，这幼稚的滑稽引诱出了我们潜藏的无意识，由此让我们能够聚焦那些我们在通常情况下倾向于忽视或压抑的事物。

弗洛伊德认为，诙谐能够移置一个词语的心理重音，而这会令

230

我们产生可能引起我们发笑的无意识的联想。诙谐牵引出通常被压抑的东西，它将无意识呈现给我们，却同时将这些无意识进程伪装成对我们的心理健康并无直接危害的样子。一旦人们深入挖掘下去，便会在一切心理重音的移置中撞见无意识。而关于无意识，弗洛伊德特别指出，它并不跟随通常的理性逻辑，后者往往追求前后一致、前后连贯以及更加清晰明确的思维规定。

231 　　幼年时期的事物（Das Infantile）是无意识的来源，无意识的思维进程无非就是那些只在早期婴儿阶段所产生的东西。为了诙谐的形成而沉入无意识的思维只有在词语的帮助下才重访曾经游戏的旧址。为了重获童年时期的快乐源泉（Lustquelle），思维暂时回到了童年时期的阶段。①

　　作为"源自思想自由的快乐"②的滑稽一如艺术，将我们从自我控制的思维强迫中解救出来。它令我们能与对象拉开一段距离，并向我们展示出对象的意义。它就像是在我们面前放置了一面镜子，如《你好阿列库》这类带有社会批判性质的喜剧便机智地利用了这点。因为这部电影呈现了许多与其他的思维形式和文化不同的复杂成见。成见不过只是些僵化的意义场，而我们借助艺术与滑稽能够对这些僵化的意义场提出质疑。

　　在一件艺术作品中，我们不只是看到一个对象，而总是看到一个或若干连同其意义一道显现的对象。艺术作品是自反性的（reflexive）意义场，在其中显现的不仅仅是对象（就像在一切其他

① 　西格蒙德·弗洛伊德：《诙谐及其与无意识的关系》，第183页。
② 　同上，第140页。

的意义场中的情况那样），而且是作为处于某个意义场中的对象的对象。艺术的对象在艺术中总是与自身的意义一同显现——而它们的显现方式是千变万化的。

让我们举两个例子：马列维奇（Malewitsch）的《白底上的黑方块》（*Schwarzes Quadrat auf weißem Grund*）与维米尔的《窗边读信的少女》。第一眼看上去人们或许会认为，这两件艺术作品毫无 232 共通之处。维米尔的画是具象的，马列维奇的画相反是完全抽象的，维米尔的画是五彩的，马列维奇用单调的黑色平面拒绝了五彩。抽象艺术依其本性总体上让人感觉是空洞无对象的（gegenstandslos）。[①] 这么一来，人们如何能说它涉及的是一个对象连同自己的意义一道显现于其中的自反性的意义场？而维米尔作品中的自反性究竟体现在哪里？

让我们从一个简单的观察开始，即马列维奇的作品绝非空洞无对象的。毋宁说马列维奇的作品展示了一个十分寻常的对象，即一个白色背景上的黑方块。然而人们原本对艺术却有不同的期待，尤其是期待在画中看到对人类而言至关重要的对象。马列维奇有意地不回应这份期待，并且以这种方式向我们展示了对象究竟是如何向我们显现的。因为一切对象都显现于某一背景之前，一切对象最终显现于它们的意义场这一背景之前。这一点在视觉中表现得尤为清晰，视觉由于其特有的空间性特征而特别适合前景（Vordergrund）与背景（Hintergrund）的隐喻。我现在正看着我书桌上的水瓶。水瓶显现在书桌这一背景前，当我将注意力集中于水瓶时，书桌上的其他对象看上去模糊散漫。然而背景从来不是直接显露着的。当我将

---

① "gegenstandslos" 的日常意思为 "空洞的"。该词由 "Gegenstand"（对象）与否定后缀 "los" 组成，字面意思可以理解为 "无对象的"，作者借此含义引导出下一句话里的设问。——译者注

233　注意力转向水瓶的背景（即书桌）时，便再次出现了一个不同的背景——例如我的书房——这一背景是被新的前景掩藏着的。

　　我现在当然也可以将注意力集中于书房，随即就会出现书房的一个新的背景，书房在这一背景前显露出来。我们也能由此看出古罗马人引入"存在"（Existenz）（意为"显露出来"）这一词语是多么意义深远。一切存在着的东西都显露在某个自身无法显露的背景前，这一背景至多只能通过我们将注意力对准它而转变为一个新的前景。

　　马列维奇向我们呈现的正是这一前景与背景间不断转化的纯粹形式。他正是出于这个原因才画了一个在白色背景上的黑方块。当我们看到这一对象时首先聚焦的是黑方块，第一眼看去，我们或许会认为这一作品与任何对象都无关，因为我们将其看作空洞无对象和抽象的。然后我们会发现，黑方块显露于一个背景前。我们也可以聚焦这一背景，这一背景却由此成为相对于另一个新的背景的前景。

　　马列维奇在自己的理论著作（尤其是《至上主义——无对象的世界》[*Suprematismus–die gegenstandslose Welt*]）中明确提出，我们应在此基础上更进一步，不能仅停留在前景与背景的转化上。下

234　一步在于认识到，当我们观察《白底上的黑方块》这一艺术作品时，我们所活动于其中的世界便是令艺术作品得以显露出来的背景。当我们在观察马列维奇的作品时，作品里体现出的这一前景与背景间的转化，自身作为一种艺术作品的形式显露于我们所身处的世界这一背景之前。

　　当我们在鉴赏艺术作品时，世界便消隐了。而以这种方式变得空洞无对象的并不是艺术作品（当谈论"抽象艺术"时人们所认为

的或许就是如此），而是我们作为艺术品鉴赏者所处的世界。因为这一世界完全进入了背景中，并由此作为不可认识与不可观察者而隐没着。马列维奇将这一对世界的放逐视为自己作品的一大重要效果。而这一效果只有当人们意识到原本被视为空洞无对象的作品实际上是一幅有关介于我们与世界之间的对象性（Gegenständlichkeit）的作品时，才能被认识到。

一切之所以能发生，乃是因为世界对于人类而言是不可认识的。倘若人们要去把握世界，一切便化为无，而人类根本无须去追求一个对世界的表象。我们总是致力于去对不可认识之物加以规定，总是致力于将每一种显象形塑为可把握的"某物"（begreifbaren "Etwas"），然而真正的意义却不在此，而在于：所有的"无"（Nichts）是在所有的"某物"（Etwas）的衬托下突显出来的。曾经的"无"成了"所有"（Alles），而所有的"某物"都化作了"无"并始终保持为"无"。①

我们通常并不与世界打交道，而总是只面对对象。我们并不始 235终对对象在其各自的意义场中的定位进行细致探究，我们只是径直撞上对象。因此对象是处于我们与世界之间的，对象遮挡住了它们的意义场。同样地，它们还遮挡住了这个决定一切的实情，即，世界本身并不存在。因此，我们同样认为世界理应存在——这是一个错误，艺术将我们从这个错误中解放了出来。

一切最终都显露在一个自身并不显露的背景前。当我们展开了

---

① 参见卡斯米尔·马列维奇：《至上主义——无对象的世界》，科隆，1962年，第232页。

由马列维奇的作品所引发的思维运动从而意识到了这一点后，我们便明白了，世界并不存在。不存在一切都显露其上的最终的背景。《白底上的黑方块》以象征的方式向我们展示了，每个对象都显现在某一意义场中，而这一切事件背后的背景自身却并不显现。也正是因此，通常所言的世界不再出现在马列维奇的至上主义中。他只有借此方式才能实现放逐世界这一他想要的效果。他将我们从"存在一个我们必定能将一切收编其中的无所不包的意义场"这一强迫性的思想中解放出来。他的作品克服了收编一切的强迫性要求（Integrationszwang），后者则来源于我们的下列预设：存在一个一切存在着的东西都必定整合于其中的唯一的概念秩序。

多样性

236　　《你好阿列库》与施林格塞夫的《德国电锯杀人狂》也聚焦了上述强迫性的思想。这两部电影展示了，不存在一个可以随意收编各类人士的统一的德国社会，从而成功地批判了企图收编一切的思维方式。我们的社会并非其中所有人都毫无差别的铁板一块，我们的社会不是一个排斥了所谓外人或外国人的社会。不仅东德和西德间存在显著的文化差异，每个联邦州、每座城市也都有自己特有的印记。此外我们的社会还可以被划分为不同的亚文化、年龄段或者社会团体。社会总是包含了对社会的五彩多样的视角，它不是人们必须将所谓的外人收编其中的单一视角。

　　为了能克服总是尝试包含一切的强迫性思想，我们首先要承认他者在思维与生活方式上的不同。也正是因此，民主反对极权，因为民主意味着承认这样一个事实，即不存在一个最终的、包含一切的真理，而只存在人们通过政治活动才能完成的对不同视角的管理（Perspektivenmanagement）。崇尚人人平等的民主的基本观念认为，在这一点上我们大家都是一样的，即我们都以不同的方式看待事物。因此我们理应享有言论自由。当然这并不意味着，一切视角都是同样好的甚或同样正确的。正是因此，为了能辨别合适与不合适的道路，我们才需要相互进行交流并从事科学或艺术方面的工作。

由艺术所驱动、以自由为导向的对世界的放逐的关键在于，我们在对象所处的关系整体中认识该对象，而不是将对象孤立起来，视之为兀自存在着的事物。没有什么东西是纯然的存在，相反，一切都根据不同的、特有的方式而出现于意义场中。黑方块显现在某个意义场中，而这一意义场又显现在画里。画本身将自己的对象置入框子里，这种置入框子的活动表明了，画涉及的是处于某个特定的意义场中的对象。

在这一背景之下还值得一提的是，维米尔明确地再一次在画作之中以一些完全不同的方式将读信少女的场景置入框子里。画里充满了各种各样的框子与置入框子的活动：光线穿过的开着的窗子，由许多小格子组成的窗框（读信少女的脸映现在窗格子里），我们观看一个被框起来的、场景因而得到凸显的画框（这一场景也可能被打开的帘幕遮盖）。信件本身一定程度上也是一个文字显现于其中的框子，果盘则是水果显现于其中的框子。

对视角多样性的发现是巴洛克时期的一大成就，也是戈特弗里德·威廉·莱布尼茨哲学的核心。[①]在他的著作《单子论》中，莱布尼茨提出，存在无限多能够互相保持和谐的视角。在一处时常被引

---

① 作者此处误将莱布尼茨的名字写作 Georg Wilhelm Leibniz，译文中已改正。——译者注

用的段落中，莱布尼茨写道：

> 正如同一座城市从不同侧面看去是完全不同的、仿佛在视角上（perspektivisch）是多重的。同样，由于存在无限多的简单实体，也存在着许多宇宙，这些宇宙乃是一个唯一宇宙的不同视角，每每源于每个单子的不同的观看角度。[①]

此处人们必须考虑到这样一点，即视角原本并非纯然的意见。视觉性的视角是一种客观的结构，视觉视角的数学规律是文艺复兴时期的绘画艺术的核心，随后在巴洛克时期变成了极端的多元化，并最终促成了能够帮助我们计算数学上的无限的现代数学方法的发现。在巴洛克时期，世界变得无限，世界在无限多的框架之中层层展开。在维米尔的画作里我们便能发现这一视角多元主义（Perspektivenpluralismus）[②]。

伴随最近五百年里发生的巨大的科学革命，现代性的确促成了"世界的可读性"这一印象，正如汉斯·布鲁门伯格在他内容丰富的研究中所揭示的。[③]另一方面，在近代早期便已然明了的是，我们在科学进步的帮助下丰富了观看世界的视角，以至于我们不再能够武断地断言哪些视角明显优于其他。这在许多领域带来了对无限的发掘，人们甚至可以说，我们始终都还在致力于以足够广大的方式思考无限。因为不仅存在无限多的东西，还存在对无限多的东西的无

239

---

① 戈特弗里德·威廉·莱布尼茨（Gottfried Wilhelm Leibniz）:《单子论》（*Monadologie*），斯图加特，1998年，第57节。
② 视角多元主义（Perspektivenpluralismus）与下文中的视角主义（Perspektivismus）不同。——译者注
③ 参见汉斯·布鲁门伯格:《近代的合理性》（*Die Legitimität der Neuzeit*），美因河畔法兰克福，1996年，以及特别是《世界的可读性》（*Die Lesbarkeit der Welt*），美因河畔法兰克福，1986年。

限多的视角。

　　这里我必须再次强调，并非一切视角都是真的。当我们有时将对象定位在不恰当的意义场中时，我们便会犯错。错误亦是一个意义场，这不意味着错误不存在。因此视角主义也是误导性的。**视角主义**（PERSPEKTIVISMUS）认为，存在着有关现实的多种多样的视角。视角主义预设了存在着一个一切视角所关联的唯一的现实。视角主义分为主观视角主义与客观视角主义。**客观视角主义**认为，视角是客观的而非对现实的歪曲。**主观视角主义**则将视角视为一种我们出于存活下去的目的所做出的虚构。它将视角视为尼采所谓的"非道德意义上的谎言"[①]。

　　基于许多理由，这两个选项都被排除了。客观视角主义**高估**了视角的可能为真性（Wahrheitsfähigkeit），因为它如此这般地对视角进行界定，即视角关涉着一个最终非视角性的现实。主观视角主义则**低估**了视角的可能为真性，因为它将一切视角都视为阻断了我们面前的现实的面纱。上述二者对视角的认识都从人的立场出发而流于片面，意义场存在论则相反地将人类视角看作存在论层面上的事实。因为世界并不存在，存在的是我们被抛入其中并不断穿梭其间的无限多的意义场。我们从先前已存在的意义场出发创造出新的意义场，这一创造活动并非无中生有，而只是更进一步的意义场的交替。人类乃是个体性的。而人类所参与的意义场也是个体性的。因此我们也绝非局限在自己本身之中，甚或仅仅被局限在我们的意识中。我们共同生活在无限多的意义场中，而我们总是能以新的方式来理解这些意义场。夫复何求？

240

[①] 弗里德里希·尼采：《论非道德意义上的真理与谎言》（*Über Wahrheit und Lüge im außermoralischen Sinne*），载《15卷本考订研究版尼采全集》第1卷，第873—890页。

尾声　电视

我们尤为依赖视觉，这似乎本就是由我们的生物构造决定的。 在视觉、味觉、触觉、嗅觉、听觉这五种感觉的模式中（这些模式是由一些古希腊哲学家所发现的，尤其是亚里士多德在他的《论灵魂》[*Über die Seele*] 一书中），从演化的角度看，视觉显得尤为突出。作为一种远距离感觉（Fernsinn），它令我们得以在大多情况下不必走近对象，便能够充分确定某个对象对我们的存活而言的重要特征。由此也可以看出，我们是作为一种赞扬并且带着尊敬而给予一项人类活动以Fernsehen和Television之名的。[①]电视触及了人与世界在亲熟过程中的一种基本形式。

电视新闻因而特别钟情于播报战争和恐怖的场面，或者是非常人所能及的体育成绩与天气，因为它不仅展示了我们与电视中所发生之事间惬意的距离，还象征着我们对于事态的控制。战争总是幸运地发生于别处，至少当人们有闲情逸致能够在电视中观看战争时。 表面现象当然常常造成欺骗，一如无数媒体批评家一再强调的。尽管如此，电视依然还是惊人地成了一种影响尤其广泛的远距离器件（Abstandsmaschine），其影响力远在博物馆、剧院或者电影院之上。即使是广播，通常也只有当人们无法看电视时才会被用到，例如开车之际。

---

① Fernsehen和Television作为电视在字面上的意思都是"远视"。——译者注

也正是因此，电视连续剧在我们这个时代理所当然地升级成为意识形态传播的核心环节。传统故事片出于种种原因已不再能提供人们从现如今所谓的"高品质连续剧"（Qualitätsserien）中所获得的东西了（它们令观众产生毒瘾般的依赖感）。许多连续剧甚至有意地在剧中表现了这一层关系，例如在《黑道家族》（Sopranos）、《火线》（The Wire）、《绝命毒师》、《大西洋帝国》（Boardwalk Empire）中，毒品交易都是剧情的核心。观众对《黑道家族》的上瘾程度就如同剧中主人公对女人、海洛因或者仅仅是意大利面、香肠与美酒那样。超过80小时的播放时间让电视连续剧能够有更多空间展开自己的叙事结构，也正是因此，人们尤其喜欢将《黑道家族》与普鲁斯特的长篇巨著《追忆似水年华》进行比较。[1]

《宋飞正传》、《黑道家族》、《绝命毒师》、《广告狂人》（Mad Men）、《消消气》（Curb your Enthusiasm）、《火线》、《办公室》（The Office）、《路易不容易》（Louie）等充满智趣的热播剧都包含有对我们时代最深刻、最广泛的诊断，甚至可以说它们简直就是我们时代的缩影。而时代特征又在其他一些电视连续剧中得到了细致探讨，例如刻画了当代媒体阴暗面的英国短剧《黑镜》（Black Mirror）。在《黑镜》第一集中，英国首相便被迫公开在电视上与猪进行性交。

当然，电影这一媒介也尚未完全被赶超，例如近期上映的电影《艺术家》（The Artist）便再次重建了电影自身的可能性，而像大卫·柯南伯格的《大都会》（Cosmopolis）这样的电影可以说是对时代进行了一次大规模的诊断。不过近来主要还是美剧充当了意识形态的风向标。美剧很大程度上反映并定义了我们对自身与周遭环境的理

---

[1] 参见迪德里希·迪德里希森（Diedrich Diederichsen）:《黑道家族》（The Sopranos），苏黎世，2012年。

解方式，并且塑造了我们的幽默感，即英文中的"sense of humour"。

在德国，放声大笑也早已不再是一种禁忌，即使我们的像《史通伯》这样质量尚佳的作品（它复制了美剧《办公室》的创意）跟市场标杆相比有巨大差距。"德国人都十分严肃"的刻板印象始终挥之不去。写作了《论幽默》（*Über Humor*）的纽约哲学家西蒙·克里奇利（Simon Critchley）因此不久前在一次聊天中（带着颇具讽刺意味的微笑）向我抱怨，德国人太爱放声大笑了——这一点也在那次交谈中引发了大笑。① 毫无疑问，美国的"文化工业"是现如今的风向标。我们或许甚至可以在其中找到美国真正的成功秘诀，美国的文化工业最迟从"二战"起便以一种对大众文化极具影响力的方式塑造着我们的视觉习惯。媒体统治比实际的经济领先地位更能巩固美国"冷战"后的胜者身份：对世界图景的控制始终是全球化世界中权力的核心因素。

上述提及的电视连续剧触及了我们时代的神经，它们展示社会现实的多面性，但也一再强调人们必须通过斗争（无论智取或武斗）才能在强权统治中为自己谋得一席之地，以此方式它们带来了极具说服力的真理主张。迪德里希·迪德里希森对此曾说，日常生活在电视连续剧中被表现为始终受到威胁的，这正对应了通过各种对衰落前景的明示和暗示来鞭策国民不断向前的美国式焦虑社会。②

一出无关一切的节目

电视以全新的方式抛出了一个古老的问题：我们的人生更像是

---

① 西蒙·克里奇利：《论幽默》，维也纳，2004年。
② 参见迪德里希·迪德里希森：《黑道家族》，比如第52页。

悲剧还是喜剧（抑或笑剧）？对热播剧的生存论分析是否与我们熟悉的哲学思考符合一致？

　　海德格尔与其他存在主义者，例如克尔凯郭尔，倾向于将我们的此在（Dasein）描述为悲剧而非喜剧。海德格尔意图借助他的代表作《存在与时间》让我们明白，我们根本上是一种"面向死亡的存在"（Sein-zum-Tode）。只有当我们将人生中的每一刻都放在即将到来的死亡前审视时，我们才达到他所说的"本真性"（Authentizität、Eigentlichkeit）。"如你已死般生活！"这是一个在我看来并不算特别值得称道的建议（这一点人们早已能够在电视剧《绝命毒师》中认识到了，濒临死亡的男主角深陷毒品与暴力的泥沼不可自拔）。克尔凯郭尔曾以同样的口吻主张，我们的人生必然处于"绝望""罪孽"与"畏惧"中。这多少与拉斯·冯·提尔（Lars von Trier）在他执导的电影《忧郁症》（*Melancholia*）中所下的判断相吻合，这部电影刻画了小行星与地球相撞并记录下了人类灭亡前的最后时刻。人们肯定会怀疑，拉斯·冯·提尔此处精明地将这一视角比作虐待狂。因为片中阴沉的女主角名叫贾斯汀（由克斯汀·邓斯特［Kirsten Dunst］出演）绝非偶然，而是在暗指萨德侯爵（Marquis de Sade）的同名作品。[1]

　　存在主义呈现了一种我们已经知道是"现代虚无主义"的危险，而我们应切忌染上存在主义式抑郁。在《黑道家族》中，小安东尼（Anthony Junior）便染上了这种病，他想求助于尼采和萨特来完成一次愚蠢的自杀，而这自然实际上有着完全不同于青春期存在主义的

---

[1] 唐纳蒂安·阿尔丰斯·弗朗索瓦·德·萨德（Donatien Alphonse François de Sade）：《朱斯蒂娜或美德的不幸》（*Justine oder das Unglück der Tugend*），吉夫肯多夫，1990年。（电影中的人名Justine为英语，萨德著作中的人名Justine为法语，故译法不同。——译者注）

动机。存在主义式悲伤之所以会出现，是因为人们对人生产生了不切实际的期待，例如不死、永恒的福祉以及能够回答一切问题的答案。如果人们以这种方式来设想人生，有朝一日总会失望而归。

246

　　杰瑞·宋飞（Jerry Seinfeld）的巨大成就《宋飞正传》，正是作为对这种不合理要求（及其所带来的不可避免的挫折感）的反对者而出现的，它开启了电视连续剧的一个新时代。这一热播情景喜剧放送于1989至1998年，它经常被视为后现代的顶峰，因为它的内容似乎是完全随意的，而这通常被认为是后现代的特征。

　　剧中详情我此处不做赘述，以下只粗略复述《宋飞正传》的大致结构。喜剧演员宋飞和他的一群纽约朋友聚在一块畅聊各自社会生活现实中的荒谬经历，特别是社交障碍。所有社交关系都是松散与难以维持的。而这最终也成了将杰瑞、克莱默（Kramer）、伊莱恩（Elaine）和乔治（George）四位主角维系在一块的唯一一件事情。在剧中，乔治突发奇想要和杰瑞一起办一出关于他们日常生活的"节目"。换句话说，主人公们在"节目"中突发奇想要办一出"节目"。乔治向潜在的制作人自卖自夸说自己的节目是一出**无关一切的节目**（show about nothing）。也就是说这出连续剧与一切都无关。这句话出现在剧中。"show"的字面意思是"展示"（zeigen）。《宋飞正传》向我们展示了，它展示的无非是它自身。它不涉及其他，不存在隐藏的、更深层的含义。一切（Ganzen）的含义、意义始终 247 就在表面。因此这是一部反形而上学的连续剧，因为形而上学认为在我们所居住的世界背后隐藏着一个真实的现实，无论是物理的现实或任何一种神秘的真理。然而剧中的一切都有其意义，都在节目自身中得到了展示。因此这出节目便是自身的内容，它并不指向自身之外，而是始终围绕着自身（一如自恋的角色般）。《宋飞正传》

是一部围绕自身展开的连续剧，而且它的制作人们本身也作为角色在其中出现。

《宋飞正传》的另一位制作人，拉里·戴维（Larry David），接着《宋飞正传》又制作了另一部情景喜剧《消消气》。而《消消气》比《宋飞正传》迈出了更为关键的一步。因为这出节目无关其他一切，而只关乎作为这出无关一切的节目的创作者的拉里是如何试图为自己的日常生活赋予意义的。他在节目中试图通过拍摄新一季《宋飞正传》来挽回离开了自己的妻子。于是，在一部关于一部无关一切的节目的制作人的作品里，观众能够看到这部无关一切的节目是如何拍摄最新一季内容的，而这些内容在元节目（Metashow）之外从未被拍摄过。

角色们不再只是被抛入一场自己（以及我们）能作为观众而笑看的无关一切的节目，相反，清楚无误的是，他们本身还制作了这出节目。拉里·戴维为《宋飞正传》的自我指涉（Selbstbezüglichkeit）补充了新的要点，即我们是自己命运的主人，我们是命运的创造者，而《宋飞正传》中的角色们仅仅如同希腊悲剧中的英雄一样只是自己的牺牲者。尽管他们是滑稽的而且能够笑对自己和他人，但他们无法得出一套令他们自己的自我指涉相对化的伦理态度。《消消气》才首先主题化探讨了社会性空间，亦即作为自我指涉的诸中心在其中相互遭遇并彼此妥协的领域的社会。

因此，仅仅笑对自我指涉是不够的。若我们仅仅笑对这样一件事，即我们是必须发明自身的、身处于本书所描述的无限交叠的存在论意义上的处境中的精神性存在，我们便无法得到*解放的*（befreienden）笑，而只有*绝望的*（verzweifelten）笑。

我们因此可以说，人必须要经历从*存在*（Sein）到《宋飞正传》

（Seinfeld）再到《消消气》的转变。问题在于，我们能以何种方式将我们的人生（我们集体性的、共同性的生活）视为一出喜剧，而同时又不损害其意义。

诸感觉……①

并非所有的笑都克服了虚无主义，这里我们可以参考作为《消消气》之反面的《路易不容易》。《路易不容易》一如《宋飞正传》，描述的是一位纽约喜剧演员路易·C. K.（Louis C. K.）的人生。这部连续剧有意地效仿了《消消气》的剧情展开，只不过不再跟从它的权威。拉里·戴维时常做些离经叛道之事，他经常暗指社会习俗并试图改变它们（有时甚至成功了）。路易则总是遭遇挫折并一再陷入最为糟糕的处境。他时常遭到侵犯，在一切情爱关系上遭受无情失败，并在日常生活中体验到种种恐怖之事：他遇见了一个只吃生肉的胖男孩，他在路易的浴缸里拉了屎。路易还致使纽约街头的一名流浪汉被"斩首"。在被路易推开后，摔倒在地的流浪汉不巧被一辆卡车碾过，他的头随之滚过街头，惊吓了所有观众。这显然在审美方面走得太远了。这便是路易·C. K.式幽默的准则，而这显然过头了，他可谓是展现了拉里·戴维式幽默丑陋的一面。

人们当然可以就"电视连续剧中的时代精神"这一主题写出足以塞满一整个图书馆的内容。将电视连续剧降格为纯粹的文化工业制造出的大众娱乐将是智识上的犯罪，即使是对其持最严厉批判态

---

① der Sinn同时有"意义"和"感觉"的意思，作者一方面在本节取其双关含义，另一方面又更偏重"感觉"的意思（作者在小标题中使用复数形式die Sinne表明了这一点）。本节偏重"感觉"的意思又与下一节偏重"意义"的意思形成一个语词映射。——译者注

度的理论家也应三思。当人们将连续剧化约为一种操控手段，并重弹早已过时的严肃文化与休闲文化之分的老调，这种做法确然太过简单。

250 　　然而最后，我想在此谈谈另外一个问题，这个问题与电视连续剧的成功以及电视的运作模式有关，即，意义场与我们的感觉之间究竟是什么关系，以及这是否对我们解决关于人生之意义或无意义的问题有所助益。

　　让我们从显而易见的地方开始。我们通常认为自己有五种感觉：视觉、听觉、触觉、味觉和嗅觉。其他动物还有一些别的感觉能力，不同动物的感觉（其中一些我们人类也有）强弱也不同。到目前为止一切顺利。然而究竟是谁告诉我们，我们只有五种感觉的？究竟什么是"感觉"？如前所述，对我们感觉器官的划分可以追溯到古希腊哲学，尤其是可以追溯到亚里士多德的《论灵魂》。亚里士多德（一如在他之前的柏拉图）将思维与感觉对立起来。他的观点如下：思维对我们的不同感觉进行协调，并将它们导向一个统一的对象。当我看、触、闻、尝一块冰时，是我的思维告诉我这一切都维系于同一个对象。然而究竟为何思维自身不能是一种感觉？为何要将思维与感觉（甚至由此包括整个身体）对立起来？

　　奇怪的是，在只有极少数亚里士多德的自然科学知识依然有效的今天，我们偏偏深信他在《论灵魂》一书中的基本观点，以至于
251 我们依然总是以亚里士多德的方式来理解我们与周遭环境的关系。我们完全有可替代的理解方式。一些古印度哲学家早已指出，思维或者精神乃是其他感觉之外的另一种感觉。而在日常生活中我们也常常会说某人有对音乐或者美食的感觉。

　　由此我们可以将某种感觉看作一种可能为真从而也是可错的通

达实在的方式。当我们将视觉和嗅觉视为一种感觉时，我们便是这
么认为的。我们能够通达视觉世界和嗅觉世界的实在，然而我们也
可能在过程中犯错。某个闻起来像狗粮一样的东西，实际上是煮得
很糟糕的红酒焖鸡（Coq au Vin）；某个摸起来像丝织品的东西，实
际上却是仿制品。

那么，这种扩展了的对我们的感觉的理解与意义场存在论有什
么关系呢？答案既简单又出乎意料：我们的感觉压根不是主观的。
感觉并不处在我们的皮肤之上或之下，相反，感觉是我们身处其中
的客观结构。当我听到有人敲门时，我把握到的是一个客观的结构
而非在我身体里的感觉印象。因为敲门的人不是在我的身体里敲门，
而是在门外。人类并没有被关在自己的头盖骨或灵魂里。通常的感
觉生理学或直到如今仍然规定着我们的古代的灵魂学说把我们所有
人都当作闭锁综合征（Locked-in-Syndrom）患者，犹如朱利安·施纳
贝尔（Julian Schnabel）执导的电影《潜水钟与蝴蝶》（*Schmetterling
und Taucherglocke*）或经典反战电影《无语问苍天》（*Johnny zieht
in den Krieg*）中的主角。然而我们的感觉完全不"在我们的脑袋
里"，一如希拉里·普特南曾就语言表达的含义所说的。[①]

请允许我再强调一遍：当我看见乘客登上列车，我看见的是乘
客而非心灵表象。因此我的视觉必然是实在的，它并不独立于它所
看到的事物。这也适用于我们的方向感。我们的方向感为自身开辟
出一个意义场、一条穿越无限的道路，从而在实在（即无限多的意
义场）中定位自身。而我们的思维比视觉更为深远，思维甚至可以
与无限本身打交道。因此电视也在高品质连续剧这一媒介中将我们

252

① 希拉里·普特南：《"含义"的含义》（*Die Bedeutung von "Bedeutung"*），美因河畔法兰克福，
　　2004年。

的远距离感觉，即视觉，与思维结合在一起。视觉将我们带往视觉之外的世界，而我们却没注意到，这也令电视得以施展它广受批判的操纵性功能。

我们所认识到的一切都是通过感觉所认识的。感觉并不是被封闭在我们的身体内，而是"在外部"，是"在现实中"或者"在实在中"，一如老鼠和果树。这一点尤其意味着，我们必须再一次以批判性的眼光审视视觉这一远距离感觉的地位。因为传统上我们如此这般想象我们在世界整体中的定位，即我们处于一个巨大的时空容器中，我们能够通过光照情况、其他不可见波长的辐射尤其是思想实验来确定它的规模。思想实验，例如著名的爱因斯坦思想实验，不是由纯粹的心灵表象所组成的。思想实验以现实的方式起作用。当我们借助思想实验发现复杂的事实时，我们所动用的是我们的思维感觉（Denksinn），它与其他感觉一样也是可能为真与可错的。

我们总是在开辟一条穿越无限的道路。我们所认识的一切都是无限的一部分，而无限既非一个整体，亦非超级对象。存在无限的意义大爆炸（Sinnexplosion），而我们参与其中，因为我们的感觉能够以虚拟的方式延伸到宇宙最遥远的角落与小宇宙（Mikrokosmos）中最隐秘的事件。只要我们认识到了这一点，我们便能够反驳"我们不过是虚无中的蝼蚁"这种说法。我们诚然必定都会死去，至少在我写下这行文字时事情依然如此。而没有人会怀疑世界上存在许多邪恶以及荒谬的、不必要的苦难。不过我们同样认识到，一切都可能不同于它向我们显现出来的样子，而这仅仅是因为一切存在着的东西都同时显现在无限多的意义场中。没有什么仅仅是我们所感知的那个样子，一切都以无限多的方式显现——这一点真是令人欣慰。

电视可以将我们从"存在一个无所不包的世界"这一幻觉中解放出来。在观看电视连续剧与电影时，我们能够对同一个情境提出不同的看待视角。不同于在剧院中，我们不必坐在舞台前，并将空间上在场的演员当作与他本人不同的角色的化身。因为即使一部电影的演员早已不在，我们依然能够观看这部电影。一部电影正是极端意义上的一出"无关一切的节目"。电影令我们能够超越"存在一个包含了一切发生之事并规定了何为实在、何为虚构的单一世界"这一僵化的观念，并参与到多样的释义可能性中。现代自由并不建立在一种不必要的统一之上，现代自由（以及现代电视连续剧）的要点恰恰在于，承认存在着许多不同的视角。

世界不存在总的来说是个令人欣喜的好消息。因为它让我们能够带着解放的微笑给我们的思考画上句点。只要我们还活着，就不存在将我们裹挟于其中的超级对象，相反，我们总是有无限的可能去接近无限。因为只有以此方式这样一件事情才可能，即所有存在着的东西都存在。

……以及人生的意义

意义场存在论便是我用以回复"存在之意义"（援引海德格尔的一个著名表达）何在的答案。存在的意义、"存在"（Sein）抑或"生存"（Existenz）这一表述的含义，便是意义本身。这显示在这样一点中，即世界不存在。世界的非在（Nichtexistenz）引发了意义大爆炸。因为一切只有当显现于某一意义场中时才存在。不可能存在无所不包的意义场，因而存在无限多的意义场。无数意义场并不聚合为一个总体，因为否则世界就会存在。我们所观察并创造的意义场之间的关联，总是只能位于一个新的意义场之中。我们无法摆脱意义。意义可谓是我们的宿命，这一宿命不仅关乎我们人类，更关乎一切存在着的事物。

意义本身已是对"人生之意义何在"这一提问的回答。存在着无限多我们能够认识并加以改变的意义场，便已是意义了。或者，概言之：人生的意义乃是与我们能够幸运地参与其中的无限的意义的互动。显而易见，人生不可能始终幸福美满。的确存在不幸与不必要的苦难，这应该成为我们重新思考人之存在并在道德上完善自己的契机。在这一背景下，摸清我们的存在论境况便显得尤为重要，因为一个人关于现实之根本结构的看法总是会影响到其自身。下一步便是不再去寻找一个无所不包的根本结构，而是共同努力更好、更不偏不倚、更具创造性地去理解现存的诸多结构，由此我们才能更好地判断，什么应该被保留，什么必须被改变。因为"一切都存在"并不意味着"一切都是善的"。我们所有人都同处于这一场巨大探险中——我们从无之中来到此处，共同迈向无限。

256

术语表

魔物论（BLOBJEKTIVISMUS）：包含双重论题，其一：只存在一个唯一的、无所不包的对象域；其二：这个对象域自身也是一个对象。

对角谓词（DIAGONALPRÄDIKAT）：一个对角穿过塞德尔世界的谓词（见图7），亦即，一个以荒唐的方式划分了一个世界的谓词。

二元论（DUALISMUS）：认为刚好存在两种实体，亦即两种对象。尤其是这样一种看法，即思维与物质是完全不同的。

显现（ERSCHEINUNG）："显现"是"出现"（Vorkommen）或"出现之事件"（Vorkommnis）的更普遍的表述。显象（Erscheinungen）可以是如数字这类抽象的构成物，也可以是如时空中的事物这类具体的、物质性的构成物。

存在（EXISTENZ）：意义场的一种属性，表明有某物显现于意义场中。

存在主义（EXISTENZIALISMUS）：对人类存在的探究。

实际性（FAKTIZITÄT）：指这样一种情况，即根本上有某物存在。

拜物教（FETISCHISMUS）：将超自然力投射到一个由人自身所造就的对象上的行为。

对象（GEGENSTAND）：我们以可能为真的思想对其进行思考的东西。并非所有对象都是时空中的事物。数字与梦境在形式意义上同样也属于对象。

对象域（GEGENSTANDSBEREICH）：一个包含特定种类的诸对象的域。在这一域中具有将这些对象相互联系在一起的规则。

上帝（GOTT）：是一种观念，认为尽管整体超出了我们的认识范围但它仍有意义。

否定存在论的基本定理（HAUPTSATZ DER NEGATIVEN ONTOLOGIE）：世界不存在。

肯定存在论的第一条基本定理（HAUPTSATZ DER POSITIVEN ONTOLOGIE, ERSTER）：必然存在无限多的意义场。

肯定存在论的第二条基本定理（HAUPTSATZ DER POSITIVEN ONTOLOGIE, ZWEITER）：任何一个意义场都是一个对象。我们能够就任何一个意义场进行思考，尽管我们无法把捉所有的意义场。

人类尺度论（HOMO-MENSURA-SATZ）：人是万物的尺度。

错论（IRRTUMSTHEORIE）：一种理论，它指出某个言谈的领域是一种系统性的错误，并且将这种错误回溯到一系列错误的假设上。

建构主义（KONSTRUKTIVISMUS）：认为根本不存在任何自在的事实，毋宁说一切事实都只是通过我们多样的话语或科学方法所建构起来的。任何这样一种理论的基本假设都是建构主义。

诠释学建构主义（KONSTRUKTIVISMUS, HERMENEUTISCHER）：一种建构主义，认为一切对文本的阐释都是建构。根据这一立场，文本没有自在的含义，它总是仅仅取决于各种解说。

神创论（KREATIONISMUS）：认为上帝对自然的介入相比自然科学能更好地解释自然。

唯物主义（MATERIALISMUS）：认为一切存在着的事物都是物质性的。

心灵表象主义（MENTALER REPRÄSENTATIONALISMUS）：认为我们无法直接感知事物，事物总是作为心灵的图像而被理解，在此过程中我们无法对事物有直接的通达。

分体论（MEREOLOGIE）：一个逻辑学分支，研究整体与其部分间的形式关系。

分体论总和（MEREOLOGISCHE SUMME）：通过若干部分结合在一起的整体构造。

形而上学（METAPHYSIK）：一种旨在发展关于世界整体的理论的尝试。

现代虚无主义（MODERNER NIHILISMUS）：认为一切最终都毫无意义的观点。

一元论（MONISMUS）：是一种观点，认为存在一个唯一的实体，一个一切其他对象都被包含于其中的超级对象。

唯物主义一元论（MONISMUS, MATERIALISTISCHER）：是一种立场，认为宇宙是唯一存在的对象域，并且这一对象域等同于一切物质对象（它们唯独借助自然法则才能得到澄清）的总体。

自然主义（NATURALISMUS）：是一种观点，认为只存在着自然，且自然即宇宙，而宇宙正是自然科学的对象域。

唯名论（NOMINALISMUS）：认为我们的概念与范畴不是对世界自身结构与划分的描述或反映，相反，我们人类从周边环境与我们自身中得出的一切概念都只是普遍化的结果，是为了增加我们的存活几率而必要的行为。

存在论（ONTOLOGIE）：传统上被看作有关存在者的学说。在本书中"存在论"被理解为对"存在"（Existenz）一词含义的分析。

分体存在论（ONTOLOGIE, FRAKTALE）：认为在小小世界副本里会重现世界不存在的问题。每一个独立的对象都形同一个世界。但因为世界并不存在，因此关于世界的大问题在小小世界里复现了。

存在论层面上的局部空间（ONTOLOGISCHE PROVINZ）：整体中的一个不能被混同为整体本身的区域。

存在论还原（ONTOLOGISCHE REDUKTION）：当我们发现，一个表面上是对象域的东西只是言谈的产物，一个表面上的客观话语——一言以蔽之——只是胡话时，我们所做的便是存在论还原。

视角主义（PERSPEKTIVISMUS）：认为存在着对现实的许多不同观测视角。

物理主义（PHYSIKALISMUS）：假定一切存在着的事物都位于宇宙之中，并因此能够得到物理学的研究。

多元主义（PLURALISMUS）：认为存在许多实体（至少多于两个）。

实在论（REALISMUS）：认为如果我们确实能认识到某物，我们所认识到的是自在的事物。

新实在论（REALISMUS, NEUER）：包含着两个论题，其一：认为我们能够认识到自在的事物与自在的事实；其二：自在的事物与事实并不从属于一个唯一的对象域。

科学实在论（REALISMUS, WISSENSCHAFTLICHER）：根据这种理论，我们能够借助科学理论和装置认识到自在的事物而非某种建构出的东西。

反思（REFLEXION）：对思考的思考。

登记（REGISTRATUR）：为了对信息进行加工并从中获取知识而对一系列前提、媒介、方法和材料进行的一种拣选。

宗教（RELIGION）：从无限者、纯然不可支配者与不变者出发朝向我们自身的返回，在这种返回中事关宏旨的是我们不会完全迷失。

科学尺度论（SCIENTIA-MENSURA-SATZ）：凡涉及对世界的描述处，科学

　　是万物的尺度。

意义（SINN）：一个对象显现的方式。

意义场（SINNFELDER）：某物显现于其中的地方。

意义场存在论（SINNFELDONTOLOGIE）：认为只有当存在一个某物显现于其
　　中的意义场时，才存在着某物而非无物存在。存在＝显现于意义场中。

结构实在论（STRUKTURENREALISMUS）：认为存在着许多结构。

主观谓词（SUBJEKTIVES PRÄDIKAT）：指某个特定共同体（例如人类）内部
　　所有主体都使用的谓词。例如海豚借助自身声呐器官认识到的谓词，便是一
　　种主观谓词。

实体（SUBSTANZEN）：属性的载体。

超级思想（SUPERGEDANKE）：一个同时思考世界整体和思考自身的思想。

超级对象（SUPERGEGENSTAND）：一个拥有一切可能的属性的对象。

唯科学主义（SZIENTISMUS）：这种观点认为，自然科学认识到了现实的基底
　　层，亦即自在的世界；而其他一切认识方式必定总是可以被还原为自然科学
　　知识，或至少能以自然科学知识为尺度加以衡量。

事实（TATSACHE）：关于某物而为真的东西。

宇宙（UNIVERSUM）：可通过实验进行探究的自然科学的对象域。

绝对差异（UNTERSCHIED, ABSOLUTER）：某一对象与其他一切对象间的差异。

相对差异（UNTERSCHIED, RELATIVER）：某一对象与其他一些对象间的差异。

世界（WELT）：包含一切意义场的意义场，是一切意义场在其中显现的意义场。

人名索引

后　记

　　马库斯·加布里尔是一位德国哲学家，1980年出生于德国雷马根（Remagen）。加布里尔的研究方向包括认识论、存在论、精神哲学、宗教哲学以及美学。此外，他在哲学史研究中涉猎的主要范围是古典哲学、德国观念论、20世纪哲学（海德格尔、维特根斯坦、分析哲学与后分析哲学）。

　　加布里尔2005年博士毕业于海德堡大学，师从严思·哈弗瓦森（Jens Halfwassen）与吕迪格·布伯纳（Rüdiger Bubner），博士研究方向为谢林晚期哲学。同年，加布里尔受到克里斯平·赖特（Crispin Wright）的邀请，前往纽约大学从事博士后研究，并在托马斯·内格尔（Thomas Nagel）的指导下完成了一篇关于认识论的出站报告。2008年，他凭借对古代怀疑论的研究，在海德堡大学获得大学授课资格。2009年，29岁的加布里尔接受波恩大学的邀请，成为波恩大学哲学系的"认识论与近代哲学"教席教授。加布里尔因此也成为自谢林之后德国最年轻的哲学教授。2012年，他被任命为波恩国际哲学中心主席。

　　加布里尔是一位注重体系的哲学家，他不仅捍卫体系哲学，也热衷于发展自己的哲学体系。而"新实在论"便是他对自家哲学体系的命名。为了令哲学能够更好地融入公共空间，也为了推广自己的哲学体系和研究成果，加布里尔先后撰写了三本专门面向公众的哲学普及读物:《为什么世界不存在》(2013年)、《我不是大脑》(2015年)、《思维的意义》(2018年)。这三本书各自独立,因此读者可以从任意一本开始阅读;同时,它们又彼此关联,如果读者在阅读时能将三本书当作一个整体来把握,会获得更加全面且深入的理解。不过,三者中最早出版的《为什么世界不存在》基本勾勒了加布里尔思想的大致轮廓,不仅为后两本书打下了扎实的理论地基,还预先在部分章节中讨论了后两本书的主题,即自我意识与人类思维。因此我们十分推荐从《为什么世界不存在》开始阅读加布里尔的作品。

尽管加布里尔在写作上述三本书时预设的受众是非哲学专业的读者,还承诺绝不会使用复杂难懂的哲学术语,但他丝毫没有在内容的深度方面妥协。他在书中尝试用平实的语言向读者呈现传统哲学洞见的普适价值,并将其用于分析当代社会的种种现象。因此读者不仅会从加布里尔的作品中了解到许多西方哲学史的基本概念,还能获得看待我们周遭事物的全新视角。此外,对加布里尔哲学观点的详细论证感兴趣的读者,可以进一步阅读他的其他学术作品。

《为什么世界不存在》出版后,在学院内外都收获了大量关注。在学院外,本书成为畅销榜上的常客,加布里尔也由此为大众所熟悉。除了写作,他还通过接受采访与公开演讲等方式不断实践着自己打破学院"高墙"、将哲学带给一般公众的理想。而在学院内,众多知名哲学家都参与了对新实在论的讨论,相关的论文也已结集成书。加布里尔的思想在一定程度上反映了德国哲学在当代的一种发展方向,因此特别值得我们借鉴和探讨。《为什么世界不存在》中文译本的出版,令中文读者能够接触到加布里尔思想的完整面貌,我们也希望这本书可以加深中西哲学彼此之间的了解,为学术共同体的良性发展助力。

　　本书的版权历尽周折，最终在作者本人的帮助下落定商务印书馆。在此也向之前拜德雅的编辑何啸风致以谢意，他为书稿做了大量工作，并无私提供给我们已经完成的校对稿。商务印书馆北京总部的郭朝凤编辑在版权问题上花费了颇多心思，波恩大学博士候选人、加布里尔的学术助手苏国凤协助处理了版权问题，商务印书馆上海分馆的朱健编辑在书稿方面提出了详细的修改建议，在此一并致谢！

　　本书的翻译工作是这样的，王熙提供译文初稿，张振华在此基础上对全文做了校订，王熙对校订的部分再次审阅，最终由张振华进行定稿。译文如有错漏请读者不吝指正。

译　者

2021年3月

未来哲学丛书·首批书目

图书在版编目（CIP）数据

为什么世界不存在 /（德）马库斯·加布里尔著；王熙，张振华译. — 北京：商务印书馆，2022（2024.4重印）
（未来哲学丛书）
ISBN 978 － 7 － 100 － 19834 － 9

Ⅰ. ①为…　Ⅱ. ①马… ②王… ③张…　Ⅲ. ①哲学理论　Ⅳ. ①B0

中国版本图书馆 CIP 数据核字（2021）第064609号

为 什 么 世 界 不 存 在

〔德〕马库斯·加布里尔　著
王 熙　张振华　译

商 务 印 书 馆 出 版
（北京王府井大街36号　邮政编码 100710）
商 务 印 书 馆 发 行
山东韵杰文化科技有限公司印刷
ISBN　978 － 7 － 100 － 19834 － 9

2022年1月第1版　　　开本　640×960　1/16
2024年4月第4次印刷　　印张　14¼

定价：60.00元